ICS 03.100.30
A 02

LD

中华人民共和国劳动和劳动安全行业标准

轨道交通装备制造业劳动定额标准

The work quota standard for the manufacturing industry of rail transit equipment

2019-01-22 发布　　　　2019-02-01 实施

中华人民共和国人力资源和社会保障部　　发布

图书在版编目（**CIP**）数据

轨道交通装备制造业劳动定额标准 / 魏东主编. -- 北京：中国劳动社会保障出版社，2020

ISBN 978-7-5167-4184-9

Ⅰ. ①轨… Ⅱ. ①魏… Ⅲ. ①轨道交通－交通设施－装备制造业－劳动定额－标准－中国 Ⅳ. ①F426.47-65

中国版本图书馆 CIP 数据核字（2020）第 039386 号

中国劳动社会保障出版社出版发行

（北京市惠新东街 1 号 邮政编码：100029）

*

北京市艺辉印刷有限公司印刷装订 新华书店经销

890 毫米 ×1240 毫米 16 开本 21.5 印张 464 千字

2020 年 9 月第 1 版 2020 年 9 月第 1 次印刷

定价：80.00 元

读者服务部电话：（010）64929211/84209101/64921644

营销中心电话：（010）64962347

出版社网址：http://www.class.com.cn

轨道交通装备制造业劳动定额标准编审委员会

主　任：楼齐良

副主任：魏　东

委　员：（以姓氏笔画为序）

于洪波　司九明　刘继斌　李宏阁　李　娇　沈立德　张红卫

陈永平　陈志新　陈柏宁　金国宝　赵　勇　姚林强　聂自强

郭凤江　郭　新　穆乃利

轨道交通装备制造业劳动定额标准编写委员会

主　编：魏　东

副主编：刘继斌

编　委：（以姓氏笔画为序）

马　民　王胜满　王辉荣　车　军　刘红生　张振甫　林树建

郑智平　赵　楠　胡忠俊　钟少锋　姜田玉　贾友杰　郭东泽

郭湘云　程　建　谢兆东

序　　言

《轨道交通装备制造业劳动定额　专用电机线圈绕制》等22项轨道交通装备制造业行业标准，是中国中车股份有限公司组建以来首次组织修订的劳动定额行业标准，已由中华人民共和国人力资源和社会保障部于2019年1月22日正式发布（人社部函〔2019〕12号）。本次修订相继完成了起草、征求意见、行业内审、集中修订、全国劳动定额定员标准化技术委员会评审、向中华人民共和国人力资源和社会保障部报批、印发等阶段工作，历时三年。标准中的模型均以企业当前广泛推广、普遍应用的新工艺、新技术、新装备、新材料为修订基础，全面覆盖行业各业务板块先进、典型的代表产品。在建立模型过程中，共完成近10万组数据测试与验算、600余组模型验算验证，参与修订的劳动定额员和工艺技术人员累计上千名，确保了模型的实用性和准确性，整体修订工作得到了全国劳动定额定员标准化技术委员会专家委员的高度肯定。

面向未来，中国中车股份有限公司将融合全球、超越自我，大力实施国际化、多元化、协同化发展战略，全面推进以“转型升级、跨国经营”为主要特征的发展模式，积极建设有国际公信力的中国轨道交通行业标准体系，是加强与欧美等先进地区轨道交通行业互认互信工作的基础，是中国轨道交通行业企业处于国际先进水平的重要保证。

劳动定额管理工作是企业管理的重要基础。各企业要切实强化劳动定额管理工作，要抓好劳动定额从业人员队伍建设，坚决贯彻执行修订后的劳动定额标准，推动劳动定额管理工作向标准化、模块化、信息化的方向发展，充分利用劳动定额管理的功能和优势，提高劳动绩效水平，助力中国中车股份有限公司始终处于国际一流企业行列。

目　录

中华人民共和国人力资源和社会保障部

人社部函〔2019〕12号

人力资源和社会保障部关于发布《轨道交通装备制造业劳动定额 专用电机线圈绕制》等22项轨道交通装备制造业行业标准的通知

各省、自治区、直辖市及新疆生产建设兵团人力资源社会保障厅（局），部属各单位：

《轨道交通装备制造业劳动定额 专用电机线圈绕制》等22项轨道交通装备制造业行业标准已经我部审核批准，现予以发布，自2019年2月1日起实施。原相应轨道交通装备制造业行业标准同时废止。

附件：《轨道交通装备制造业劳动定额 专用电机线圈绕制》等22项轨道交通装备制造业行业标准名称及编号

人力资源社会保障部

2019年1月22日

（此件主动公开）

附件

《轨道交通装备制造业劳动定额　专用电机线圈绕制》等22项轨道交通装备制造业行业标准名称及编号

序号	标准编号	标准名称	废止标准编号	废止标准名称
1	LD/T 71.15—2019	轨道交通装备制造业劳动定额　专用电机线圈绕制	LD/T 71.15—2000	铁路工业电机线圈工劳动定额制定
2	LD/T 71.16—2019	轨道交通装备制造业劳动定额　专用电机冲压加工	LD/T 71.16—2000	铁路工业冲压工劳动定额制定
3	LD/T 71.17—2019	轨道交通装备制造业劳动定额　专用电机绝缘制品制作	LD/T 71.17—2000	铁路工业电机绝缘制品工劳动定额制定
4	LD/T 71.18—2019	轨道交通装备制造业劳动定额　专用电机换向器制造	LD/T 71.18—2000	铁路工业电机换向器工劳动定额制定
5	LD/T 71.19—2019	轨道交通装备制造业劳动定额　专用电机嵌线	LD/T 71.19—2000	铁路工业电机嵌线工劳动定额制定
6	LD/T 71.20—2019	轨道交通装备制造业劳动定额　专用电机装配	LD/T 71.20—2000	铁路工业电机钳工劳动定额制定
7	LD/T 71.21—2019	轨道交通装备制造业劳动定额　专用电机绝缘浸渍加工	LD/T 71.21—2000	铁路工业电机浸漆工劳动定额制定
8	LD/T 71.22—2019	轨道交通装备制造业劳动定额　专用齿轮铣齿加工	LD/T 71.22—2000	铁路工业制齿工劳动定额制定　第一部分：铣齿劳动定额制定
9	LD/T 71.23—2019	轨道交通装备制造业劳动定额　专用齿轮插齿加工	LD/T 71.23—2000	铁路工业制齿工劳动定额制定　第二部分：插齿劳动定额制定
10	LD/T 71.24—2019	轨道交通装备制造业劳动定额　专用齿轮滚齿加工	LD/T 71.24—2000	铁路工业制齿工劳动定额制定　第三部分：滚齿劳动定额制定
11	LD/T 71.25—2019	轨道交通装备制造业劳动定额　专用齿轮磨齿加工	LD/T 71.25—2000	铁路工业制齿工劳动定额制定　第四部分：磨齿劳动定额制定
12	LD/T 71.26—2019	轨道交通装备制造业劳动定额　专用齿轮刨齿加工	LD/T 71.26—2000	铁路工业制齿工劳动定额制定　第五部分：刨齿劳动定额制定
13	LD/T 71.27—2019	轨道交通装备制造业劳动定额　专用花键加工	LD/T 71.27—2000	铁路工业拉床工劳动定额制定
14	LD/T 71.29—2019	轨道交通装备制造业劳动定额　立式车床加工	LD/T 71.29—2000	铁路工业立式车床加工劳动定额制定
15	LD/T 71.30—2019	轨道交通装备制造业劳动定额　装配钳工加工	LD/T 71.30—2000	铁路工业配件钳工劳动定额制定
16	LD/T 71.31—2019	轨道交通装备制造业劳动定额　机车车辆专用管道加工	LD/T 71.31—2000	铁路工业管道工劳动定额制定
17	LD/T 71.32—2019	轨道交通装备制造业劳动定额　机车电器组装	LD/T 71.32—2000	铁路工业机车电工劳动定额制定
18	LD/T 71.34—2019	轨道交通装备制造业劳动定额　专用型材气焊加工	LD/T 71.34—2000	铁路工业气焊工劳动定额制定
19	LD/T 71.35—2019	轨道交通装备制造业劳动定额　镀层加工	LD/T 71.35—2000	铁路工业电镀工劳动定额制定
20	LD/T 71.36—2019	轨道交通装备制造业劳动定额　精密铸造加工	LD/T 71.36—2000	铁路工业精密铸造工劳动定额制定
21	LD/T 71.37—2019	轨道交通装备制造业劳动定额　机车车辆弹簧加工	LD/T 71.37—2000	铁路工业弹簧工劳动定额制定
22	LD/T 71.8—2019	轨道交通装备制造业劳动定额　机车车辆铆接加工	LD/T 71.8—2000	铁路工业铆工劳动定额制定

《轨道交通装备制造业劳动定额　专用电机线圈绕制》等22项轨道交通装备制造业行业标准修订说明

一、修订的目的和意义

中国中车股份有限公司（以下简称中国中车）自2000年以来相继经历了技术引进、消化吸收、自主研发等几个快速发展阶段，坚持自主创新、开放创新和协同创新，持续完善技术创新体系，不断提升技术创新能力，建设了世界领先的轨道交通装备产品技术平台和制造基地，以高速动车组、大功率机车、铁路货车、城市轨道车辆为代表的系列产品，已经全面达到世界先进水平，能够适应各种复杂的地理环境，满足多样化的市场需求。中国制造的高速动车组系列产品，已经成为中国向世界展示发展成就的重要名片，现已出口上百个国家和地区。中国轨道交通行业逐步从产品出口向技术输出、资本输出和全球化经营转变。

中国中车在轨道交通装备技术标准体系建设中发挥积极作用，初步形成了国际先进的轨道交通装备产品技术标准体系。近三年来，中国中车主持、参与起草或制定、修订70余项国际标准，主持或参与起草国家标准200余项、行业标准近1000项。

随着全国劳动定额纳入国家标准化管理，国家对劳动定额标准的科学性、先进性提出了更高的要求，特别是在轨道交通装备制造业快速发展、新产品不断涌现、工艺技术不断改进的情况下，原有的劳动定额标准已经不适应实际生产的要求。为了适应生产发展、技术进步和企业管理的需要，劳动定额标准修订工作势在必行。

劳动定额是企业管理的基础，能为各项管理工作提供精确的数据和依据：能科学合理地配置各工种、工序人员的数量和比例；能合理进行机器设备配置及确定机器设备的加工能力；能合理安排各生产环节的工作进程，合理调配和使用劳动力、设备、物料、工具及工作场地，使企业生产进程均衡、有序地协同开展；能准确计算企业生产能力，即依据标准时间计算分析，可以平衡各工种、工序及设备等日、月生产进程和最大生产能力，为企业承接订单、制定生产周期及营销提供标准数据；能依据现有产品标准时间预估新产品开发所需成本；能依据标准时间所计算出来的人工成本加上材料成本及制造费用来估算外包产品成本。

劳动定额是衡量员工劳动贡献量的最佳尺度，它可持续地调动员工工作的积极性，同时，劳动定额也是用人单位同劳动者建立劳动关系的评价平衡点。企业通过劳动定额标准的实施，可以获得稳定的生产秩序和社会效益。

二、修订原则

标准依据《标准化工作导则　第1部分：标准的结构和编写》（GB/T 1.1—2009）、《劳动定员定额标准的结构和编写规则》（LD/T 122—2019），引用《劳动定员定额术语》（GB/T 14002—2008）、《工时消耗分类、代号和标准工时构成》（GB/T 14163—2009）进行编制。

结合中国轨道交通装备制造业技术创新工作服从和服务于企业跨国经营、全球领先的战略目标，本次修订工作坚持如下原则。

1．坚持标准化原则：直接引用、对接国际标准和国家标准。

2．坚持先进性原则：以企业当前广泛推广、普遍应用的新工艺、新技术、新装备、新材料为修订基础，全面覆盖行业各业务板块典型代表产品。

3．坚持有利于实际操作原则：修订后的数学模型力求简单，均以易采集、易统一、易测量的数据为变量。

4．坚持信息化管理原则：修订工作立足当下、着眼长远，按照“国家需要至上、行业发展至上”的思路，均以单件模型为基本元素推导出应用模型，为劳动定额信息化管理工作奠定基础。

三、修订过程

本标准的修订分为起草阶段、征求意见阶段、行业内审阶段、全国劳动定额定员标准化技术委员会评审及报批阶段、行业标准发布实施阶段。

（一）起草阶段

1．准备阶段。为了做好标准的修订工作，中国中车在大量调研和专题研讨的基础上，印发了《关于开展劳动定额标准修订工作的通知》（中车股份劳〔2016〕134号），组建了轨道交通装备制造业劳动定额标准编审委员会，下设编写委员会。编审委员会结合企业技术水平、产品结构、工艺装备等对标准修订项目进行了分工，细化了工作进度安排，提出了具体工作要求，于2016年5月举办了标准修订培训班。

承担修订工作的企业按照标准修订总体安排，组建了项目团队、制定了修订方案。

2．起草阶段。各标准修订主编单位根据具体标准修订进度计划，组织参与修订单位一并完成了产品工艺技术文件分析工作，同时完成了原标准时间定额计算公式、代号、标准时间使用系数的修订、保留、取消、新增的初步分析工作，进行原标准的验证、修编工作。2016年7月31日基本完成了标准的企业讨论稿，在企业内部广泛验证、征求意见，形成了标准征求意见稿，并按进度报送编写委员会。

（二）征求意见阶段

1．征求意见。中国中车统一就修订的标准征求意见稿面向全系统34家企业征求意见，共发出征求意见函748份，收到回函748份（721份反馈为无意见），收集反馈意见共计857条（721条反馈为无意见），其中采纳意见98条、部分采纳0条、不采纳38条。

2．行业初审。中国中车组织专家对标准征求意见稿进行行业内初审，着重对标准的格式、引用标准的精确性、标准内容的规范性进行初审，并提出了修改完善建议。

3．行业标准化审查。按照标准征求意见稿行业初审的结果，中国中车组织专家、主要编写人员对标准征求意见稿集中进行行业标准化审查工作，对标准征求意见稿的总体章节结构、前言、范围、规范性引用文件、代号和计量单位、附录等内容全部予以标准化，并征求工会意见，经审查共形成22项标准内审讨论稿。

（三）行业内审阶段

1．行业内审。中国中车在湖南株洲组织召开“轨道交通装备制造业劳动定额标准行业评审会”，特邀人力资源和社会保障部、全国劳动定额定员标准化技术委员会、中国劳动和社会保障科学研究院、首都经济贸易大学、北京信息科技大学以及轨道交通装备制造企业等行业内外专家对标准内审讨论稿进行了评审。通过行业内、外专家对标准内审讨论稿及修订说明等材料审阅、问询、生产现场勘察、验证，集中提出意见，会议建议进一步完善具有轨道交通装备制造业特点的劳动定额制定方法标准。与会专家一致认为标准内审讨论稿具备向全国劳动定额定员标准化技术委员会报送和行业内部发布的基本条件；建议行业内部结题，发布《轨道交通装备制造业劳动定额标准修订项目行业评审报告》。

2．行业内发布。中国中车在江苏常州组织召开轨道交通装备制造业劳动定额标准行业发布会，邀请安鸿章教授对中国中车劳动定额从业人员进行了全面培训，对新修订的轨道交通装备制造业劳动定额22项行业标准（送审讨论稿）在行业内进行了发布。会议期间，根据行业评审会提出的意见和建议，行业内专家和部分标准修订起草者，按照方法标准的要求，对22项行业标准的名称、总体章节结构、目次、前言、范围、规范性引用文件、代号和计量单位、时间定额制定方法计算公式、附录等充分研讨，反复论证，提出了轨道交通装备制造业劳动定额方法标准文本模板。

3．集中统一修订。中国中车集中行业内专家，按照江苏常州会议确定的方法标准文本模板，对22项标准进行集中统一修订。在修订过程中，严格遵循GB/T 1.1、LD/T 122的要求，组织系统内劳动定额和标准化专家多次切磋、反复商榷，数易其稿，最终形成轨道交通装备制造业劳动定额22项行业标准送审稿。

（四）全国劳动定额定员标准化技术委员会评审及报批阶段

2018年11月22日，全国劳动定额定员标准化技术委员会在京召开“全国劳动定额定员行业标准审查会”，对《轨道交通装备制造业劳动定额　专用电机线圈绕制》等22项轨道交通装备制造业行业标准进行审查。

会议听取了中国中车劳动定额标准编写组代表关于22项标准的编制过程、标准项目及标准水平测定等方面的情况说明。与会专家、委员就22项标准的内容、体例、编制过程和编制水平等进行了问询、审查和讨论，一致同意22项标准通过审定，并建议中国中车劳动定额标准编写组根据专家所提意见和建议进一步修改完善后按规定程序报批。

（五）行业标准发布实施阶段

2019年1月22日，《人力资源和社会保障部关于发布〈轨道交通装备制造业劳动定额　专用电机线圈绕制〉等22项轨道交通装备制造业行业标准的通知》（人社部函〔2019〕12号）予以正式发布。22项标准经审核批准，自2019年2月1日起实施。

四、标准的技术内容

1．主要内容。22项标准全部由封面、目次、前言、标准主题内容（范围、规范性引用文件、代号和计量单位、时间定额制定方法计算公式）、附录五部分构成。

2．修订情况。本次标准修订中，充分考虑了产品结构的变化、设备的更新、材料的变更、工艺及制造手段的改进等因素，在开展工艺对标的基础上，广泛采集941种零部件及产品测试数据66634组，验证数据29072组，对原标准的412组模型、217组标准使用系数进行验算及验证。在此基础上，全面优化既有模型，大量开展建模验算及验证工作，主要对标准中的代号、模型、系数等内容进行了全面更新与修订。主要修订情况如下：

（1）代号。原标准代号保留195个，修订41个，取消13个，新增53个，修订后为289个代号。

（2）数学模型。原标准数学模型保留292个，修订68个，取消52个，新增95个，修订后为455个数学模型。

（3）标准时间使用系数。原标准时间使用系数保留127个，修订21个，取消69个，新增20个，修订后为168个标准时间使用系数。

（4）对部分图表进行了优化。

3．修订后达到的效果。本次标准修订过程中，修订人员始终坚持定额标准与一定的技术水平相适应，做到技术上先进、适度超前，同时根据产品的变化、生产工艺改进和技术水平的提高，在保持原标准的基本表现形式的情况下，对原标准的代号、时间定额计算公式、标准时间使用系数等技术要素进行验证。修订后，新增的技术要素占修订后标准技术要素总数的27.36%，重新修订的技术要素占修订后标准技术要素总数的20.17%，取消的技术要素占修订后标准技术要素总数的21.82%。修订后的劳动定额水平提升10%以上。

五、标准属性

本标准是中华人民共和国劳动和劳动安全行业标准，属全国劳动定员定额体系中的推荐性行业标准，归口全国劳动定额定员标准化技术委员会（SAC/TC 131），适用于轨道交通装备制造业劳动定额的制定与管理，其他制造行业可借鉴应用。

六、其他

主要参考书目：《标准化工作导则　第1部分：标准的结构和编写》（GB/T 1.1—2009）、《劳动定员定额术语》（GB/T 14002—2008）、《工时消耗分类、代号和标准工时构成》（GB/T 14163—2009）、《劳动定员定额标准的结构和编写规则》（LD/T 122—2019）。

本标准在修订过程中得到中车永济电机有限公司、中车株洲电机有限公司、中车大连机车车辆有限公司、中车戚墅堰机车车辆工艺研究所有限公司、中车北京南口机械有限公司、中车北京二七机车有限公司、中车北京二七车辆有限公司、中车南京浦镇车辆有限公司、中车齐齐哈尔车辆有限公司、长春轨道客车股份有限公司、中车株洲电力机车有限公司、中车大同电力机车有限公司、中车戚墅堰机车有限公司、中车唐山机车车辆有限公司、中车青岛四方机车车辆股份有限公司、中车长江车辆有限公司、中车贵阳车辆有限公司、中车石家庄车辆有限公司、中车山东机车车辆有限公司等单位领导、工艺技术人员、劳动定额员的参与、关心和帮助，在此一并表示感谢。

由于水平有限，标准中会存在问题和不妥之处，敬请读者批评指正。

附件：《轨道交通装备制造业劳动定额　专用电机线圈绕制》等22项轨道交通装备制造业行业标准修订企业名单

中国中车股份有限公司

附件

《轨道交通装备制造业劳动定额　专用电机线圈绕制》等22项轨道交通装备制造业行业标准修订企业名单

序号	原标准名称	新标准名称	修订主编企业名称	参与修订企业名称
1	铁路工业电机线圈工劳动定额制定	轨道交通装备制造业劳动定额 专用电机线圈绕制	中车永济电机有限公司	中车株洲电机有限公司
2	铁路工业冲压工劳动定额制定	轨道交通装备制造业劳动定额 专用电机冲压加工	中车永济电机有限公司	中车株洲电机有限公司
3	铁路工业电机绝缘制品工劳动定额制定	轨道交通装备制造业劳动定额 专用电机绝缘制品制作	中车永济电机有限公司	中车株洲电机有限公司
4	铁路工业电机换向器工劳动定额制定	轨道交通装备制造业劳动定额 专用电机换向器制造	中车永济电机有限公司	中车株洲电机有限公司
5	铁路工业电机嵌线工劳动定额制定	轨道交通装备制造业劳动定额 专用电机嵌线	中车株洲电机有限公司	中车永济电机有限公司
6	铁路工业电机钳工劳动定额制定	轨道交通装备制造业劳动定额 专用电机装配	中车株洲电机有限公司	中车永济电机有限公司
7	铁路工业电机浸漆工劳动定额制定	轨道交通装备制造业劳动定额 专用电机绝缘浸渍加工	中车株洲电机有限公司	中车永济电机有限公司
8	铁路工业制齿工劳动定额制定 第一部分：铣齿劳动定额制定	轨道交通装备制造业劳动定额 专用齿轮铣齿加工	中车戚墅堰机车车辆工艺研究所有限公司	中车大连机车车辆有限公司
9	铁路工业制齿工劳动定额制定 第二部分：插齿劳动定额制定	轨道交通装备制造业劳动定额 专用齿轮插齿加工	中车戚墅堰机车车辆工艺研究所有限公司	中车大连机车车辆有限公司
10	铁路工业制齿工劳动定额制定 第三部分：滚齿劳动定额制定	轨道交通装备制造业劳动定额 专用齿轮滚齿加工	中车北京南口机械有限公司	中车大连机车车辆有限公司、中车戚墅堰机车车辆工艺研究所有限公司
11	铁路工业制齿工劳动定额制定 第四部分：磨齿劳动定额制定	轨道交通装备制造业劳动定额 专用齿轮磨齿加工	中车大连机车车辆有限公司	中车戚墅堰机车车辆工艺研究所有限公司、中车北京南口机械有限公司
12	铁路工业制齿工劳动定额制定 第五部分：刨齿劳动定额制定	轨道交通装备制造业劳动定额 专用齿轮刨齿加工	中车大连机车车辆有限公司	中车戚墅堰机车车辆工艺研究所有限公司
13	铁路工业拉床工劳动定额制定	轨道交通装备制造业劳动定额 专用花键加工	中车北京二七机车有限公司	中车戚墅堰机车车辆工艺研究所有限公司
14	铁路工业立式车床加工劳动定额制定	轨道交通装备制造业劳动定额 立式车床加工	中车南京浦镇车辆有限公司	中车齐齐哈尔车辆有限公司

续表

序号	原标准名称	新标准名称	修订主编企业名称	参与修订企业名称
15	铁路工业配件钳工劳动定额制定	轨道交通装备制造业劳动定额装配钳工加工	长春轨道客车股份有限公司	中车青岛四方机车车辆股份有限公司、中车株洲电力机车有限公司、中车大连机车车辆有限公司、中车戚墅堰机车有限公司、中车大同电力机车有限公司、中车唐山机车车辆有限公司、中车南京浦镇车辆有限公司、中车齐齐哈尔车辆有限公司、中车长江车辆有限公司
16	铁路工业管道工劳动定额制定	轨道交通装备制造业劳动定额机车车辆专用管道加工	中车株洲电力机车有限公司	中车大同电力机车有限公司、中车青岛四方机车车辆股份有限公司、长春轨道客车股份有限公司、中车大连机车车辆有限公司、中车戚墅堰机车有限公司、中车唐山机车车辆有限公司、中车南京浦镇车辆有限公司、中车齐齐哈尔车辆有限公司、中车长江车辆有限公司
17	铁路工业机车电工劳动定额制定	轨道交通装备制造业劳动定额机车电器组装	中车大同电力机车有限公司	中车株洲电力机车有限公司、中车青岛四方机车车辆股份有限公司、长春轨道客车股份公司、中车大连机车车辆有限公司、中车戚墅堰机车有限公司、中车唐山机车车辆有限公司、中车南京浦镇车辆有限公司
18	铁路工业气焊工劳动定额制定	轨道交通装备制造业劳动定额专用型材气焊加工	中车齐齐哈尔车辆有限公司	
19	铁路工业电镀工劳动定额制定	轨道交通装备制造业劳动定额镀层加工	长春轨道客车股份有限公司	
20	铁路工业精密铸造工劳动定额制定	轨道交通装备制造业劳动定额精密铸造加工	中车齐齐哈尔车辆有限公司	中车大连机车车辆有限公司、中车戚墅堰机车车辆工艺研究所有限公司
21	铁路工业弹簧工劳动定额制定	轨道交通装备制造业劳动定额机车车辆弹簧加工	中车戚墅堰机车有限公司	中车贵阳车辆有限公司
22	铁路工业铆工劳动定额制定	轨道交通装备制造业劳动定额机车车辆铆接加工	长春轨道客车股份有限公司	中车石家庄车辆有限公司、中车株洲电力机车有限公司、中车青岛四方机车车辆股份有限公司、中车大连机车车辆有限公司、中车戚墅堰机车有限公司、中车大同电力机车有限公司、中车唐山机车车辆有限公司、中车南京浦镇车辆有限公司、中车齐齐哈尔车辆有限公司、中车长江车辆有限公司、中车北京二七车辆有限公司、中车山东机车车辆有限公司

ICS 03.100.30
A 02
备案号：71038—2020

LD

中华人民共和国劳动和劳动安全行业标准

LD/T 71.15—2019
代替 LD/T 71.15—2000

轨道交通装备制造业劳动定额 专用电机线圈绕制

The work quota for the manufacturing industry of rail transit equipment special motor coils making

9

2019-01-22 发布

2019-02-01 实施

中华人民共和国人力资源和社会保障部　　发 布

目　次

前　　言

本标准按 GB/T 1.1—2009《标准化工作导则　第 1 部分：标准的结构和编写》给出的规则起草。

本标准代替 LD/T 71.15—2000《铁路工业电机线圈工劳动定额制定》。因行业名称的规范和工艺技术条件的进步、工艺技术水平的提升，将《铁路工业电机线圈工劳动定额制定》修改为《轨道交通装备制造业劳动定额　专用电机线圈绕制》方法标准。

与 LD/T 71.15—2000 相比，除编辑性修改外，主要技术变化如下：

——修改了范围（见第 1 章，2000 年版的第 1 章）；

——修改了“引用标准”为“规范性引用文件”（见第 2 章，2000 年版的第 2 章）；

——修改了代号 H_2 为 H、N_2 为 N、n_2 为 n（见第 3 章，2000 年版第 3 章）；

——增加了代号 T_{dn}、K_i（见第 3 章）；

——删除了代号 S_2（见 2000 年版第 3 章）；

——修改“电机线圈加工时间定额的制定”为“专用电机线圈绕制时间定额”（见第 4 章，2000 年版的第 4 章）；

——增加了“线圈绕制工作内容”“线圈绕制工序单件时间定额的构成”“线圈绕制时间定额制定方法”（见 4.1、4.2、4.3）；

——增加了“下料时间定额制定方法”“线圈绕制时间定额制定方法”“线头滚扁时间定额制定方法”“打纱时间定额制定方法”“线圈成型时间定额制定方法”“线圈整形时间定额制定方法”“线圈热压时间定额制定方法”“线圈绝缘处理时间定额制定方法”“线圈焊接时间定额制定方法”“线圈引线头搪锡时间定额制定方法”“线圈试验时间定额制定方法”方法条目（见 4.3.1 ～ 4.3.11）；

——将原表 2“电机线圈加工时间定额的制定公式”改为 11 个表（见表 1 ～表 11，2000 年版的表 2）；

——修改了表中表头“时间定额计算公式”为“时间定额制定方法计算公式”（见表 1 ～表 11、附录 A 中表 A.1，2000 年版的表 2、附录 A 中表 A1）；

——修改了“梭形线圈绕制”“扁绕”“桌式打纱”“电枢线圈敲型、整形”“线圈垫匝间”“磁极线圈包绝缘”“均压线、定子转子线圈联线、定装联线包绝缘”“搪锡”等时间定额制定方法计算公式（见 4.3.2、4.3.4、4.3.5、4.3.8、4.3.9、4.3.10；2000 年版的表 2）；

——删除了“熔敷下料”“气焊（$H_2 \geqslant 2$）”“复型（$G < 25$）”“复型（$G \geqslant 25$）”“搪锡（$G < 20$）”“搪锡（$G \geqslant 20$）”等时间定额计算公式（见 2000 年版的表 2）；

——增加了“包保护带”“拆保护带”“装卸对地热压模”“浸水试验”等时间定额制定方法计算公式（见 4.3.5、4.3.6、4.3.7、4.3.11）；

——修改了“包绝缘品种系数”（见 4.4.2，2000 年版的 5.9）；

——删除了“熔敷下料工况系数”“扁绕线材宽度系数”“电枢线圈敲型整形线圈截面积系数”“拆布带品种系数”“线圈垫匝间工件重量系数”“气焊材质系数”“磁极线圈包绝缘工件重量系数”等标准时间使用系数（见 2000 年版的 5.1、5.2、5.4、5.5、5.6、5.7、5.8）；

——修改了“附录 A（提示的附录）”为“附录 A（资料性附录）”（见附录 A，2000 年版的附录 A）；

——修改“附录 A 中应用举例 A.2.1 表 A.1 部分时间定额制定方法计算公式”（见附录 A 中 A.2.1，2000 年版的附录 A 表 A1）；

——增加了附录 A“应用举例 A.2.2”（见附录 A 的 A.2.2）。

本标准由中华人民共和国人力资源和社会保障部提出。

本标准由全国劳动定额定员标准化技术委员会(SAC/TC 131)归口。
本标准起草单位:中国中车股份有限公司。
本标准主要起草人:于乐溪、马文兴、卢林忠、常兴华、樊兵、屈普。
本标准历次版本发布情况为:LD/T 71.15—2000。

轨道交通装备制造业劳动定额　专用电机线圈绕制

1　范围

本标准规定了轨道交通装备制造业专用电机线圈绕制劳动定额的制定方法。

本标准适用于轨道交通装备制造业专用电机线圈绕制劳动定额的制定与管理。

2　规范性引用文件

下列文件对于本文件的应用是必不可少的。凡是注日期的引用文件，仅所注日期的版本适用于本文件。凡是不注日期的引用文件，其最新版本（包括所有的修改单）适用于本文件。

GB/T 14002　劳动定员定额术语

GB/T 14163　工时消耗分类、代号和标准工时构成

LD/T 122　劳动定员定额标准的结构和编写规则

3　代号和计量单位

下列代号和计量单位适用于本文件。

a——热压线圈数，单位为支；

B——宽度，单位为毫米（mm）；

G——质量，单位为千克（kg）；

H——厚度，单位为毫米（mm）；

K_i——标准时间使用系数；

L——长度，单位为毫米（mm）；

N——线圈的匝数，单位为匝；

n——线圈冲弯、弯头个数，线圈头数或铜线件数，单位为个或件；搪锡次数，单位为次；

P——定员人数，单位为人；

R——半径，单位为毫米（mm）；

S——高频焊面积，单位为平方毫米（mm^2）；

S_1——每匝导线截面积，单位为平方毫米（mm^2）；

T_{dn}——完全单件时间，单位为工分（Mm）。

4　专用电机线圈绕制时间定额

4.1　线圈绕制工作内容

线圈绕制是通过对不同线规的铜线进行下料、绕形、打纱、成型、整形、检测、绝缘处理、热压、试验等加工成型的工艺过程，包括工件加工前的工艺、技术、设备、工夹量具和工装、胎模具的准备，工装、胎模具的安装，根据工艺要求进行的下料、绕形、打纱、成型、整形、检测、绝缘处理、热压、试验等加工，工件加工完成后的摆放、转运，全部产品完成后的工作场地整理、清扫，借用工具、工装、胎模具等的归还。

4.2 线圈绕制工序单件时间定额的构成

$$T_d=T_z+T_{zk}+T_{gxk}$$

式中：

T_d——工序单件时间；

T_z——作业时间，包含辅助时间；

T_{zk}——作业宽放时间；

T_{gxk}——个人需要与休息宽放时间。

4.3 线圈绕制时间定额制定方法

4.3.1 下料时间定额制定方法

下料时间定额制定方法见表1。

表1

工序名称	时间定额制定方法计算公式
平直下料	$T_{dn}=(2.2237\times10^{-3}L^{0.5}+0.02)n$
注：工作内容包括准备、平直下料、整理等。	

4.3.2 线圈绕制时间定额制定方法

线圈绕制时间定额制定方法见表2。

表2

工序名称	时间定额制定方法计算公式
梭形线圈绕制	$T_{dn}=0.025(LN)^{0.42}$
补偿线圈绕制	$T_{dn}=[0.1428(LN)^{0.48}P+4.8]K_1$
扁绕	$T_{dn}=1.34(LN)^{0.25}-1.6$
平绕	$T_{dn}=4.9866\times10^{-2}(LN)^{0.5}+4.8$
圆线绕	$T_{dn}=3.1726\times10^{-3}(LN)^{0.48}+4.8$
注：工作内容包括准备、绕线、剪线、固定、掰头、去毛刺、清理。	

4.3.3 线头滚扁时间定额制定方法

线头滚扁时间定额制定方法见表3。

表3

工序名称	时间定额制定方法计算公式
线头滚扁	$T_{dn}=[2.86\times10^{-2}(LB)^{0.29}+0.25]n$
注1：工作内容包括准备、滚扁、检查等。 注2：线头滚扁工序计算公式中 L 和 B 是指工艺规定的长度和宽度。	

4.3.4 打纱时间定额制定方法

打纱时间定额制定方法见表4。

表4

工序名称	时间定额制定方法计算公式
桌式打纱	$T_{dn}=0.15n+0.84$
注：工作内容包括准备、划线、打纱、防护、清理等。	

4.3.5 线圈成型时间定额制定方法

线圈成型时间定额制定方法见表5。

表5

工序名称	时间定额制定方法计算公式
包保护带	$T_{dn}=1.024\times10^{-2}L^{0.7076}$
涨型	$T_{dn}=0.2992G^{0.641}+1.8$
电枢线圈敲型、整形	$T_{dn}=2.6268G^{0.27}$
弯U	$T_{dn}=(2.25\times10^{-2}R^{0.5}+0.05)n$
冲弯、弯头	$T_{dn}=[1.6156\times10^{-2}(LBH)^{0.378}+0.0156R]n$
扒角	$T_{dn}=(1.923\times10^{-2}R^{0.25}+0.05)n$
注：工作内容包括准备、包保护带、涨型、敲型、弯U、扒角、检查、扳头等。	

4.3.6 线圈整形时间定额制定方法

线圈整形时间定额制定方法见表6。

表6

工序名称	时间定额制定方法计算公式
拆保护带	$T_{dn}=1.3\times10^{-3}L^{0.855}$
整形	$T_{dn}=9.7246\times10^{-2}L^{0.373}$
修线	$T_{dn}=7.574\times10^{-2}n^{1.45}+0.68$
修锉毛刺	$T_{dn}=4.6\times10^{-5}L+0.33$
注：工作内容包括准备、拆保护带、整形、复型、划线、修补绝缘、修锉毛刺、检查等。	

4.3.7 线圈热压时间定额制定方法

线圈热压时间定额制定方法见表7。

表 7

工序名称	时间定额制定方法计算公式
装卸匝间热压模	$T_{dn}=0.2068G^{0.73}+1.5$
装卸对地热压模	$T_{dn}=0.225G+12.25$
转子线圈热压	$T_{dn}=20.4a^{-1}$
注：工作内容包括准备、装模、热压、卸模、清理、检查等。	

4.3.8 线圈绝缘处理时间定额制定方法

线圈绝缘处理时间定额制定方法见表 8。

表 8

工序名称	时间定额制定方法计算公式
磁极线圈包绝缘	$T_{dn}=0.1046L^{0.48}$
均压线、定子转子线圈联线、定装联线包绝缘	$T_{dn}=1.28\times10^{-2}L^{0.7076}K_2$
刷漆组合	$T_{dn}=3.0121\times10^{-3}L^{0.8}+0.79$
线圈垫匝间	$T_{dn}=0.4487N-0.4891$
注：工作内容包括磁极线圈的准备、去毛刺、填充、包绝缘、刷绝缘漆、组合、固定、垫匝间、整匝间、固定等。	

18

4.3.9 线圈焊接时间定额制定方法

线圈焊接时间定额制定方法见表 9。

表 9

工序名称	时间定额制定方法计算公式
铜导线焊接	$T_{dn}=(0.018L+0.03)H-0.005L+0.62$
高频焊	$T_{dn}=2.2951S^{0.29}+1.5$
注：工作内容包括准备、气焊、高频焊、去毛刺、固定等。高频焊的工作内容包括上下工件和检查清理表面。	

4.3.10 线圈引线头搪锡时间定额制定方法

线圈引线头搪锡时间定额制定方法见表 10。

表 10

工序名称	时间定额制定方法计算公式
搪锡	$T_{dn}=0.3n+1.5$
注：工作内容包括线圈准备、清表面、刷松香、搪锡、清理等。	

4.3.11 线圈试验时间定额制定方法

线圈试验时间定额制定方法见表 11。

表 11

工序名称	时间定额制定方法计算公式
定子转子线圈耐压试验	$T_{dn}=0.1148L^{0.5}$
磁极线圈耐压试验	$T_{dn}=(0.2737G^{0.7}+5.2)K_3$
浸水试验	$T_{dn}=0.54G^{0.05}+0.5$
注：工作内容包括准备、匝间试验、对地试验、浸水试验、阻值检测等。	

4.4 标准时间使用系数

4.4.1 补偿线圈绕制每匝导线截面积系数（K_1）

补偿线圈绕制每匝导线截面积系数（K_1）的选用应符合表 12 的规定。

表 12

每匝导线截面积	$S_1 < 100\ mm^2$	$S_1 \geqslant 100\ mm^2$
K_1	1	1.4

4.4.2 包绝缘品种系数（K_2）

包绝缘品种系数（K_2）的选用应符合表 13 的规定。

表 13

品种	均压线、定子转子线圈、联线包绝缘	定装联线包绝缘
K_2	1	1.5

4.4.3 磁极线圈耐压试验工况系数（K_3）

磁极线圈耐压试验工况系数（K_3）的选用应符合表 14 的规定。

表 14

工况	匝间耐压试验	匝间、对地耐压试验
K_3	0.5	1

4.5 补偿线圈绕制定员人数（P）

补偿线圈绕制定员人数（P）的采用应符合表 15 的规定。

表 15

线圈质量	$G < 20$ kg	$G \geqslant 20$ kg
定员人数（D_y）	3	4

附 录 A
（资料性附录）
时间定额制定的方法

A.1 时间定额制定方法

时间定额制定方法见图 A.1。

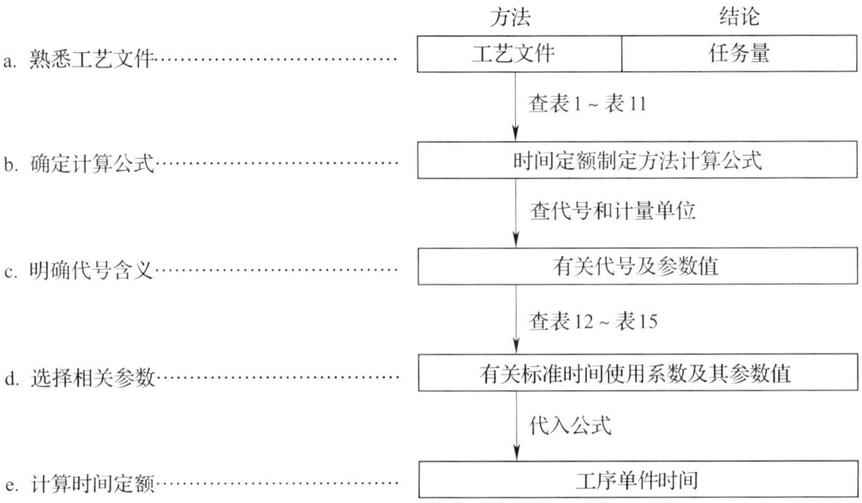

图 A.1

A.2 应用举例

A.2.1 用规格为 3.33 mm×8 mm 的裸铜线制作一批转子线圈，线材需 1/2 叠包熔敷，每个线圈 4 根线，线圈包好后呈两匝，小 U 两根 R=2 mm，大 U 两根 R=10.7 mm，线头滚扁部位长 38 mm，宽 12 mm，引线头长 100 mm，R=5 mm，扒角处 R=5 mm，线圈展开长度 1677 mm，对地绝缘材料长 24500 mm，外包绝缘材料长 7000 mm，保护性布带长 4600 mm，每支线圈质量 1.73 kg，热压机组可同时热压 15 只线圈，求单支电枢线圈时间定额（见表 A.1）。

表 A.1

工序名称	技术要求	时间定额制定方法计算公式	时间定额 Mm
平直下料	L=1677 mm，n=4 件	$T_{dn}=(2.2237\times10^{-3}L^{0.5}+0.02)n$	0.44
弯 U	R=2 mm，n=2 个；R=10.7 mm，n=2 个	$T_{dn}=(2.25\times10^{-2}R^{0.5}+0.05)n$	0.41
打纱	n=8 个	$T_{dn}=0.15n+0.84$	2.04
线头滚扁	L=38 mm，B=12 mm，n=8 个	$T_{dn}=[2.86\times10^{-2}(LB)^{0.29}+0.25]n$	3.35
扒角	R=5 mm，n=4 个	$T_{dn}=(1.923\times10^{-2}R^{0.25}+0.05)n$	0.32
包保护带	L=4600 mm	$T_{dn}=1.024\times10^{-2}L^{0.7076}$	4.00
转子线圈敲型、整形	G=1.73 kg	$T_{dn}=2.6268G^{0.27}$	3.05
修线	n=8 个	$T_{dn}=7.574\times10^{-2}n^{1.45}+0.68$	2.22

表 A.1（续）

工序名称	技术要求	时间定额制定方法计算公式	时间定额 Mm
线圈垫匝间	N=2 匝	$T_{dn}=0.4487N-0.4891$	0.41
刷漆组合	L=1677 mm	$T_{dn}=3.0121\times10^{-3}L^{0.8}+0.79$	1.93
转子线圈热压	a=15 只	$T_{dn}=20.4a^{-1}$	1.36
转子线圈包绝缘	L=31500 mm，K_2=1	$T_{dn}=1.28\times10^{-2}L^{0.7076}K_2$	19.51
拆保护带	L=4600 mm	$T_{dn}=1.3\times10^{-3}L^{0.855}$	1.76
弯头	L=100 mm，B=8 mm，H=3.33 mm，R=5 mm，n=8 个	$T_{dn}=[1.6156\times10^{-2}(LBH)^{0.378}+0.0156R]n$	3.17
整形	L=1677 mm	$T_{dn}=9.7246\times10^{-2}L^{0.373}$	1.55
浸水试验	G=1.73 kg	$T_{dn}=0.54G^{0.05}+0.5$	1.06
线圈耐压试验	L=1677 mm	$T_{dn}=0.1148L^{0.5}$	4.70
合计		—	51.28

A.2.2 用两轴规格为 3.35 mm×2.34 mm 的铜线制作定子线圈，双根并绕 8 匝，梭形内长为 630 mm，4 根引线头，对地绝缘材料长 58000 mm，外包绝缘材料长 15300 mm，保护性布带长 5500 mm，每支线圈质量 1.37 kg，求单支线圈时间定额（见表 A.2）。

表 A.2

工序名称	技术要求	时间定额制定方法计算公式	时间定额 Mm
梭形线圈绕制	L=5040 mm，N=8 匝	$T_{dn}=0.025(LN)^{0.42}$	2.15
桌式打纱	n=4 个	$T_{dn}=0.15n+0.84$	1.44
包保护带	L=5500 mm	$T_{dn}=1.024\times10^{-2}L^{0.7076}$	4.54
涨型	G=1.37 kg	$T_{dn}=0.2992G^{0.641}+1.8$	2.17
拆保护带	L=5500 mm	$T_{dn}=1.3\times10^{-3}L^{0.855}$	2.05
弯头	L=60 mm，B=6.7 mm，H=2.34 mm，R=50 mm，n=4 个	$T_{dn}=[1.6156\times10^{-2}(LBH)^{0.378}+0.0156R]n$	3.98
浸水试验	G=1.37 kg	$T_{dn}=0.54G^{0.05}+0.5$	1.05
修线	n=4 个	$T_{dn}=7.574\times10^{-2}n^{1.45}+0.68$	1.25
线圈包绝缘	L=73300 mm，K_2=1	$T_{dn}=1.28\times10^{-2}L^{0.7076}K_2$	35.46
整形	L=1260 mm	$T_{dn}=9.7246\times10^{-2}L^{0.373}$	1.39
线圈耐压试验	L=1260 mm	$T_{dn}=0.1148L^{0.5}$	4.07
合计		—	59.55

ICS 03.100.30
A 02
备案号:71039—2020

LD

中华人民共和国劳动和劳动安全行业标准

LD/T 71.16—2019
代替 LD/T 71.16—2000

轨道交通装备制造业劳动定额 专用电机冲压加工

The work quota for the manufacturing industry of rail transit equipment special motor stamping

2019-01-22 发布　　2019-02-01 实施

中华人民共和国人力资源和社会保障部　发布

目　次

前　言

本标准按GB/T 1.1—2009《标准化工作导则 第1部分：标准的结构和编写》给出的规则起草。

本标准代替LD/T 71.16—2000《铁路工业冲压工劳动定额制定》。因行业名称的规范和工艺技术条件的进步、工艺技术水平的提升，将《铁路工业冲压工劳动定额制定》修改为《轨道交通装备制造业劳动定额　专用电机冲压加工》方法标准。

与LD/T 71.16—2000相比，除编辑性修改外，主要技术变化如下：

——修改了范围（见2000年版第1章）；

——修改了“引用标准”为“规范性引用文件”（见第2章，2000年版的第2章）；

——修改了代号H_1为H、H_3为H、N_3为N_1、N_4为n_1、T_{dd}为T_{bd}（见第3章，见2000年版第3章）；

——删除了代号n_3（见2000年版第3章）；

——增加了代号T_{dn}、K_i（见第3章）；

——修改了“冲压时间定额的制定”为“专用电机冲压加工时间定额”（见第4章，2000年版的第4章）；

——增加了“冲压加工工作内容”“冲压加工工序单件时间定额的构成”“冲压加工时间定额制定方法”（见4.1、4.2、4.3）；

——修改了“时间定额的制定”为“时间定额制定方法”（见4.3.1～4.3.5，2000年版的4.1、4.2、4.3.1、4.3.2、4.4）；

——修改了表中表头“时间定额计算公式”为“时间定额制定方法计算公式”（见表1～表5、附录A中表A.1、表A.2，2000年版的表2～表6、附录A中表A1、表A2）；

——修改了“压力机加工准备与结束时间定额的制定”为“准备与结束时间”（见4.4，2000年版的4.5）；

——修改了“剪板机、校轴”时间定额制定方法计算公式（见4.3.1、4.3.4，2000年版的4.1、4.3.2）；

——删除了“一次单孔或多孔冲床加工”“单件同规格孔冲N_3次冲床加工”“压力机推圆孔”“压力机推花键孔”“磁极铁芯称重”“定子铁芯称重”“电枢铁芯整形交出”“紧固调整”等时间定额计算公式（见2000年版4.2、4.3.2、4.4）；

——增加了“单冲槽机冲槽”“转子铁芯（冷叠压）”“转子铁芯（冷叠压热套）”“定子铁芯（圆形冲片叠压）”“定子铁芯（扇形冲片叠压）”“二氧化碳保护焊”“整形交出（定子、转子、扇形冲片铁芯）”“槽口倒角”等时间定额制定方法计算公式（见4.3.2、4.3.5）；

——删除了“气焊材料系数”（见2000年版的5.2）；

——增加了“整形交出品种系数”（见4.5.2）；

——修改了“附录A（提示的附录）”为“附录A（资料性附录）”（见附录A，2000年版的附录A）；

——修改了附录A中“应用举例A.2.2表A2部分时间定额制定方法计算公式”（见附录A中表A.2，2000年版的附录A中表A2）。

本标准由中华人民共和国人力资源和社会保障部提出。

本标准由全国劳动定额定员标准化技术委员会（SAC/TC 131）归口。

本标准起草单位：中国中车股份有限公司。

本标准主要起草人：于乐溪、常兴华、樊兵、韩秀娟、马文兴、卢林中、屈普。

本标准历次版本发布情况为：LD/T 71.16—2000。

轨道交通装备制造业劳动定额　专用电机冲压加工

1　范围

本标准规定了轨道交通装备制造业专用电机冲压加工劳动定额的制定方法。

本标准适用于轨道交通装备制造业专用电机冲压加工劳动定额的制定与管理。

2　规范性引用文件

下列文件对于本文件的应用是必不可少的。凡是注日期的引用文件，仅所注日期的版本适用于本文件。凡是不注日期的引用文件，其最新版本（包括所有的修改单）适用于本文件。

GB/T 14002　劳动定员定额术语

GB/T 14163　工时消耗分类、代号和标准工时构成

LD/T 122　劳动定员定额标准的结构和编写规则

3　代号和计量单位

下列代号和计量单位适用于本文件。

B——宽度，单位为毫米（mm）；

D——直径，单位为毫米（mm）；

G——质量，单位为千克（kg）；

H——厚度，单位为毫米（mm）；

H_1——深度，单位为毫米（mm）；

K_i——标准时间使用系数；

L——长度，单位为毫米（mm）；

N——一次落料冲槽件数，一台电机磁极个数，一次纵剪成条数，单位为件、个；在整形交出、槽口倒角中为槽数；

N_1——一台定子、转子、磁极铁芯所用冲片数或所需条料数，单位为片；

N_P——一个生产周期批量的数量，单位为片；

n_1——工艺规定的压制次数，单位为次；单冲槽机冲次，单位为次每分钟；

P——人数，单位为人；

S——工作表面积，单位为平方毫米（mm^2）；

T_m——换模时间，单位为工分（Mm）；

T_{zx}——装卸时间，单位为工分（Mm）；

T_{dn}——完全单件时间，单位为工分（Mm）；

T_{bd}——不完全单件时间，单位为工分（Mm）；

T_{zjj}——摊入的单件准备与结束时间，单位为工分（Mm）。

4　专用电机冲压加工时间定额

4.1　冲压加工工作内容

冲压加工是指使用剪板机、冲床、压力机等设备，对板料、圆钢、管料进行剪切、冲制、叠压、压装等加工成型的工艺过程，包括工件加工前的工艺、技术、设备、工夹量具和工装、胎模具的准备，工装、胎模具的安装，根据工艺要求进行的剪切下料、落料冲槽、单冲机冲槽、叠压、压装成型、调整、检测等加工，工件加工完成后的摆放、转运，全部产品加工完成后的工作场地整理、清扫，借用工具、工装、胎模具的归还。

4.2　冲压加工工序单件时间定额的构成

$$T_d = T_z + T_{zk} + T_{gxk}$$

式中：

T_d——工序单件时间；

T_z——作业时间，包含辅助时间；

T_{zk}——作业宽放时间；

T_{gxk}——个人需要与休息宽放时间。

4.3　冲压加工时间定额制定方法

4.3.1　剪板下料时间定额制定方法

剪板下料时间定额制定方法见表 1。

表 1

设备类型	工序名称	板材厚度 mm	时间定额制定方法计算公式
纵剪机	下料	$H \leqslant 0.5$	$T_{dn}=1.2523\times10^{-4}LN_1/N$
自动剪			$T_{dn}=8.26\times10^{-3}L^{0.32}K_iN_1$
剪板机		$0.2 \leqslant H \leqslant 2$	$T_{dn}=3.1033\times10^{-4.5}(LBH)^{0.68}K_iN_1$
注 1：L 为剪板时的纵向进给长度； 注 2：纵剪机工作内容为拆包装、上料、更换调整刀具、条料上卷、自动剪切、吊运卷料； 注 3：自动剪工作内容为拆包装、上料、更换调整垫、调定位挡、自动剪切、吊运条料箱； 注 4：剪板机工作内容为手工上料、更换调整刀具、挡板定位、剪切、落料、码料、放料头、吊运箱料。			

4.3.2　冲床加工时间定额制定方法

冲床加工时间定额制定方法见表 2。

表 2

工序名称	批量	时间定额制定方法计算公式
落料、冲槽	多品种小批量	$T_{dn}=\{[4.3634\times10^{-3}(SH)^{0.37}+0.18]K_1/N+T_m/N_P\}N_1$
	成批	$T_{dn}=(2.67\times10^{-2}PK_3/N+T_m/N_P)N_1$
	大批	$T_{dn}=(2.52\times10^{-2}PK_3/N+T_m/N_P)N_1$
单冲槽机冲槽		$T_{dn}=(1.27N/n_1+0.265)N_1$
注 1：多品种小批量为 3000 件以下；成批生产为 3000 ～ 10000 件；大批生产为 10000 件以上； 注 2：落料、单冲槽机冲槽工作内容包括准备、上料、定位、刷冲剪液、踏开关、出料、清废料、码料、吊入吊出料箱。		

4.3.3 压力机单件装卸时间定额制定方法

压力机单件装卸时间定额制定方法见表 3。

表 3

工序名称	时间定额制定方法计算公式
装卸工件	$T_{zx}=0.4875G^{0.5}$

4.3.4 压力机加工时间定额制定方法

压力机加工时间定额制定方法见表 4。

表 4

工序名称	时间定额制定方法计算公式
压套	$T_{bd}=(2.2527\times10^{-4}LD+0.0135H_1+0.2175)K_4$
压工件	$T_{bd}=(0.1535S^{0.25}+10.95)n_1K_5$
压圆钢 V 型	$T_d=9.6943\times10^{-3}(LD)^{0.525}+1.78$
压圆钢 U 型	$T_d=9.6943\times10^{-3}(LD)^{0.525}+0.0136H_1$
板料压 V 型	$T_d=1.4049\times10^{-2}(LBH_1)^{0.378}+1.78$
板料压 U 型	$T_d=1.4049\times10^{-2}(LBH_1)^{0.378}+0.0136H_1$
管料压 V 型	$T_d=4.0959\times10^{-3}(LD)^{0.558}+1.78$
校平	$T_d=(1.692\times10^{-6}S^{1.23}+0.0018)K_i$
校轴	$T_d=[0.1559(LD)^{0.38}+2.5]K_i$

注 1：工作内容包括上料、上工件、定位、开动压力机、回程、测量、检查、卸工件、码放；

注 2：L 是工件展开长度或孔长度；

注 3：S 是用压力机接触较大的一个平面轮廓尺寸计算的面积；

注 4：校轴时 D 为各台阶轴的平均直径。

4.3.5 铁芯冲片叠压时间定额制定方法

铁芯冲片叠压时间定额制定方法见表 5。

表 5

工序名称	部件类型		时间定额制定方法计算公式
叠压	磁极铁芯		$T_{dn}=(0.531L^{0.5}+0.2486)N$
	转子铁芯	冷叠压	$T_{dn}=1.2055N_1^{0.5786}$
		冷叠压热套	$T_{dn}=6.24\times10^{-2}N_1+27.406$
	定子铁芯	圆形冲片叠压	$T_{dn}=0.1711\times10^{2}N_1^{0.1904}$
		扇形冲片叠压	$T_{dn}=0.3926\times10^{2}N_1^{0.2936}$

表 5（续）

工序名称	部件类型	时间定额制定方法计算公式
二氧化碳保护焊		$T_{dn}=0.165L^{0.79}$
整形交出	磁极铁芯	$T_{dn}=(9.85\times10^{-2}G+6.16)N$
	定子、转子、扇形冲片铁芯	$T_{dn}=(6.7\times10^{-2}L^{0.32}+0.3)NK_2$
槽口倒角		$T_{dn}=1.5678N$
注 1：工作内容包括冲片搬运、清理，叠片和压力机压紧，在整形、紧固调整工序中包括打磨焊缝、焊点，清渣等； 注 2：G 指一个磁极铁芯的质量；L 在磁极铁芯叠压中指磁极铁芯的长度，在电枢铁芯的整形中指电枢槽的长度。		

4.3.6 冲压设备换模时间定额

冲压设备换模时间定额的选用应符合表 6 的规定。

表 6

设备型号及名称	模具类型	规格 mm	时间定额 Mm
100 t 冲床	有导柱	200×200 ～ 410×405	20
		420×410 ～ 650×630	25
	无导柱	D260 ～ D350	30
		D400 ～ D500	35
200 t 冲床	有导柱	240×390 ～ 400×360	25
		420×360 ～ 420×570	30
	无导柱	D300 ～ 250×400	35
		320×490 ～ 410×500	40
400 t 冲床	有导柱	320×490 ～ 410×500	30
		410×630 ～ 540×750	35
	无导柱	300×500 ～ 320×600	40
		410×650 ～ 450×700	45
300 t 油压机	有导柱	1000×440 ～ 1200×460	25
		1300×500 ～ 1500×550	28
	无导柱	610×5000 ～ 9000×550	25
		980×560 ～ 2020×820	30

4.4 准备与结束时间

压力机加工准备与结束时间的选用应符合见表7的规定。

表7

单位为工分

工序名称	压套	压工件			压V型 压U型	校平,校轴
		Ⅰ	Ⅱ	Ⅲ		
准备与结束时间	30	10	20	40	60	20
注：Ⅰ为工件的压装,包含清理、装卸、加压、检查、交出等作业；Ⅱ为紧固交出作业及Ⅰ所列的内容；Ⅲ为紧固校正作业及Ⅰ所列的内容。						

4.5 标准时间使用系数

4.5.1 冲件材料系数(K_1)

冲件材料系数(K_1)的选用应符合表8的规定。

表8

材料	非金属	铝	钢	铜
K_1	0.80	0.85	1	1.1

4.5.2 整型交出品种系数(K_2)

整型交出品种系数(K_2)的选用应符合表9的规定。

表9

品种	定子转子铁芯	扇形冲片铁芯
K_2	0.6	1

4.5.3 冲床设备系数(K_3)

冲床设备系数(K_3)的选用应符合表10的规定。

表10

设备	25 t	40 t	60 t ~ 80 t	100 t	160 t	250 t
K_3	0.8	0.9	1	1.18	1.6	2.5

4.5.4 压力机加工材料系数(K_4)

压力机加工材料系数(K_4)的选用应符合表11的规定。

表11

材料	粉末冶金	钢	铜
K_4	0.8	0.9	1

4.5.5 压力机压工件品种系数(K_5)

压力机压工件品种系数(K_5)的选用应符合表12的规定。

表12

品种	片装压制　线圈冷压	其他	换向器装配
K_5	0.6	1	2

4.5.6 压力机校平系数(K_6)

压力机校平系数(K_6)的选用应符合表13的规定。

表13

L/B	$L/B<2$	$2\leqslant L/B<3$	$L/B\geqslant 3$
K_6	1	0.8	0.6

4.5.7 压力机校轴系数(K_7)

压力机校轴系数(K_7)的选用应符合表14的规定。

表14

直线度		台阶数≤2个	台阶数>2个
K_7	直线度≥0.1 mm	1.00	1.20
	直线度<0.1 mm	1.30	1.50

4.5.8 剪板机下料批量系数(K_8)

剪板机下料批量系数(K_8)的选用应符合表15的规定。

表15

批量 件	$N_p<20$	$20\leqslant N_p<100$	$100\leqslant N_p<200$	$200\leqslant N_p<300$	$N_p\geqslant 300$
K_8	2.00	1.20	1.10	1.06	1.00

4.5.9 剪板机下料刀次系数(K_9)

剪板机下料刀次系数(K_9)的选用应符合表16的规定。

表16

剪切刀次	少一刀	四边形	多一刀	多二刀	多三刀	多四刀	多五刀
K_9	0.8	1.00	1.50	1.70	1.90	2.10	2.30

4.6 冲床定员人数(P)

冲床定员人数(P)的采用应符合表17的规定。

表 17

单位为人

设备型号	送接料工况		
	手工接送料	手工送料自动接料或自动送料手工接料	自动接送料
100 t 以下	1		
160 t ～ 250 t	2		
400 t 以上	3	2	—

35

附 录 A
（资料性附录）
时间定额制定的方法

A.1 时间定额制定方法

时间定额制定方法见图 A.1。

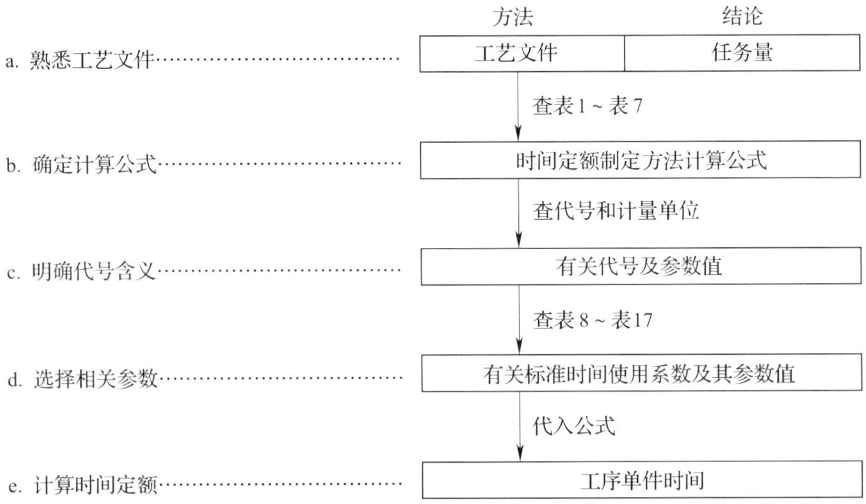

图 A.1

A.2 应用举例

A.2.1 某种电机转子铁芯需冲片 872 片，月批量 13000 件，按照工艺，先用自动剪板机将 0.5 mm 厚的硅钢片剪切成 1000 mm×500 mm 的条料，条料公差 ±1.5 mm；再用 400 t 冲床冲槽和落料各一次，每次冲制一件，400 t 冲床为手工送料自动接料，模具有导柱，每片条料可冲制 2 件冲片，求一台转子铁芯冲片剪板及冲压的时间定额（见表 A.1）。

表 A.1

工序名称	技术要求	时间定额制定方法计算公式	时间定额 Mm
自动剪板下料	L=500 mm，K_1=1，K_8=1，K_9=1，N_1=436 片	$T_{dn}=8.26\times10^{-3}L^{0.32}K_iN_1$	26.31
落料	P=2 人，K_3=2.5，N=1 件，N_1=872 片，T_m=35 Mm，N_P=13000 件	$T_{dn}=(2.52\times10^{-2}PK_3/N+T_m/N_p)N_1$	112.22
冲槽			112.22

A.2.2 某种牵引电机转子铁芯叠压需用压力机校轴、叠压、压装换向器（一次）、整形，冲片用量 872 片，轴长 1220 mm，套装铁芯部位直径 108.6 mm，共 11 个台阶，在轴的全长范围内直线度应小于 0.1 mm，转子槽长 460 mm，共 50 槽，向转子铁芯压换向器时与压力机接触面的换向器轮廓直径为 353 mm，换向器质量 67.5 kg，日产转子铁芯 15 台，求一台转子铁芯压装时间定额（见表 A.2）。

表 A.2

工序名称	技术要求	时间定额制定方法计算公式	时间定额 Mm
校轴	L=1220 mm，D=108.6 mm，K_7=1.5	$T_d=[0.1559(LD)^{0.38}+2.5]K_i$	24.42
准备与结束时间	T_{zj}=20 Mm，N_P=15 件	$T_{zjj}=T_{zj}/N_P$	1.33
叠压	N_1=872 片	$T_{dn}=1.2055N_1^{0.5786}$	60.61
压工件（换向器）	G=67.5 kg	$T_{zx}=0.4875G^{0.5}$	4.01
	T_{zj}=10 Mm，N_p=15 件	$T_{zjj}=T_{zj}/N_p$	0.67
	S=97818 mm^2，n_1=1 次，K_5=1	$T_{bd}=(0.1535S^{0.25}+10.95)n_1K_5$	13.66
槽口倒角	N=50 槽	$T_{dn}=1.5678N$	78.39
整形交出	L=460 mm，N=50 槽，K_2=0.6	$T_{dn}=(6.7\times10^{-2}L^{0.32}+0.3)NK_2$	23.30
合计		—	206.39

ICS 03.100.30
A 02
备案号:71040—2020

LD

中华人民共和国劳动和劳动安全行业标准

LD/T 71.17—2019
代替 LD/T 71.17—2000

轨道交通装备制造业劳动定额 专用电机绝缘制品制作

The work quota for the manufacturing industry of rail transit equipment special motor insulated material making

39

2019-01-22 发布　　2019-02-01 实施

中华人民共和国人力资源和社会保障部　发布

目　次

前　言

本标准按GB/T 1.1—2009《标准化工作导则　第1部分：标准的结构和编写》给出的规则起草。

本标准代替LD/T 71.17—2000《铁路工业电机绝缘制品工劳动定额制定》。因行业名称的规范和工艺技术条件的进步、工艺技术水平的提升，将《铁路工业电机绝缘制品工劳动定额制定》修改为《轨道交通装备制造业劳动定额　专用电机绝缘制品制作》方法标准。

与LD/T 71.17—2000相比，除编辑性修改外，主要技术变化如下：

——修改了“引用标准”为“规范性引用文件”（见第2章，2000年版的第2章）；

——修改了范围（见2000年版第1章）；

——增加了代号T_{dn}、K_i（见第3章）；

——修改了“绝缘制品加工时间定额的制定”为“专用电机绝缘制品制作时间定额”（见第4章，2000年版的第4章）；

——增加了“绝缘制品制作工作内容”“绝缘制品制作工序单件时间定额的构成”“绝缘制品制作时间定额制定方法”（见4.1、4.2、4.3）；

——修改了表中表头“时间定额计算公式”为“时间定额制定方法计算公式”（见表1，2000年版的表2）；

——修改了“剪板机下料”“简单手工下料”时间定额制定方法计算公式（见表1，2000年版的表2）；

——修改了“下料长度系数”L的区间（见4.5.3，2000年版的5.3）；

——修改了“附录A（提示的附录）”为“附录A（资料性附录）”（见附录A，2000年版的附录A）；

——修改了附录A中A.2.1应用举例（见附录A中表A.1，2000年版的附录A中A2）。

本标准由中华人民共和国人力资源和社会保障部提出。

本标准由全国劳动定额定员标准化技术委员会（SAC/TC 131）归口。

本标准起草单位：中国中车股份有限公司。

本标准主要起草人：常兴华、于乐溪、韩秀娟、樊兵、屈普。

本标准历次版本发布情况为：LD/T 71.17—2000。

轨道交通装备制造业劳动定额　专用电机绝缘制品制作

1　范围

本标准规定了轨道交通装备制造业专用电机绝缘制品制作劳动定额的制定方法。

本标准适用于轨道交通装备制造业专用电机绝缘制品制作劳动定额的制定与管理。

2　规范性引用文件

下列文件对于本文件的应用是必不可少的。凡是注日期的引用文件，仅所注日期的版本适用于本文件。凡是不注日期的引用文件，其最新版本（包括所有的修改单）适用于本文件。

GB/T 14002　劳动定员定额术语

GB/T 14163　工时消耗分类、代号和标准工时构成

LD/T 122　劳动定员定额标准的结构和编写规则

3　代号和计量单位

下列代号和计量单位适用于本文件。

B——宽度，单位为毫米（mm）；

H——厚度，单位为毫米（mm）；

K_i——标准时间使用系数；

L——长度，单位为毫米（mm）；

N——每张绝缘板下料数量，单位为件；

N_1——每台用料数，单位为件；

N_P——一个生产周期的批量数，单位为件；

S——表面轮廓面积，单位为平方毫米（mm^2）；

T_{dn}——完全单件时间，单位为工分（Mm）；

T_{zjj}——摊入单件的准备时间，单位为工分（Mm）。

4　专用电机绝缘制品制作时间定额

4.1　绝缘制品制作工作内容

绝缘制品制作是指对绝缘材料进行剪切下料、刷胶（漆）、热压成型、拼圆、裁边交出等加工成型的工艺过程，包括工件加工前的工艺、技术、设备、工夹量具和工装、胎模具的准备，工装、胎模具的安装，根据工艺要求进行的剪切下料、刷胶（漆）、热压成型、拼圆、裁边交出等加工，工件加工完成后的摆放、转运，全部产品加工完成后的工作场地整理、清扫，借用工具、工装、胎模具的归还。

4.2　绝缘制品制作工序单件时间定额的构成

$$T_d = T_z + T_{zk} + T_{gxk}$$

45

式中：

T_d——工序单件时间；

T_z——作业时间，包含辅助时间；

T_{zk}——作业宽放时间；

T_{gxk}——个人需要与休息宽放时间。

4.3 绝缘制品制作时间定额制定方法

绝缘制品制作时间定额制定方法见表 1。

表 1

工序名称	时间定额制定方法计算公式
剪板机下料（0.2 mm ≤ H ≤ 2 mm）	$T_{dn}=3.1033\times10^{-4.5}(LBH)^{0.68}K_iN$
简单手工下料	$T_{dn}=0.05N_1$
手工下料	$T_d=(0.1615L^{0.38}+0.17)K_iN_1$
刷胶、漆	$T_d=8.1\times10^{-6}(LB/N)N_1$
成　　型	$T_d=2.4819S^{0.2876}+1.45$
裁边交出	$T_d=0.2512L^{0.5761}$
注 1：简单手工下料指一刀能剪断，条料和管料只剪一刀时间定额按 0.05 Mm 计算； 注 2：简单手工下料、手工下料计算公式适用于 0.1 mm ～ 0.3 mm 厚的铜皮、铜丝网及绝缘制品材料。	

4.4 准备与结束时间

准备与结束时间的选用应符合表 2 的规定。

表 2

工序名称	手工下料	成型	刷漆、胶	裁边交出
准备与结束时间	10		15	

4.5 标准时间使用系数

4.5.1 材料厚度系数（K_1）

材料厚度系数（K_1）的选用应符合表 3 的规定。

表 3

厚度	$H\leq3$ mm	$H>3$ mm
K_1	1	1.3

4.5.2 下料划线系数（K_2）

下料划线系数（K_2）的选用应符合表 4 的规定。

表 4

工作状况	样板划线	手工划线
K_2	1	1.1

4.5.3 下料长度系数(K_3)

下料长度系数(K_3)的选用应符合表 5 的规定。

表 5

长度 mm	$L < 300$	$300 \leqslant L < 500$	$500 \leqslant L < 800$	$800 \leqslant L < 1000$	$L \geqslant 1000$
K_3	0.2	0.3	0.5	0.8	1

4.5.4 剪板机下料系数(K_4)

剪板机下料系数(K_4)的选用应符合表 6 的规定。

表 6

批量 件	$N_p < 20$	$20 \leqslant N_p < 100$	$100 \leqslant N_p < 200$	$200 \leqslant N_p < 300$	$N_p \geqslant 300$
K_4	2	1.20	1.10	1.06	1

4.5.5 剪板机下料刀次系数(K_5)

剪板机下料刀次系数(K_5)的选用应符合表 7 的规定。

表 7

剪切刀次	少一刀	四边形	多一刀	多二刀	多三刀	多四刀	多五刀
K_5	0.80	1.00	1.50	1.70	1.90	2.10	2.30

附 录 A
（资料性附录）
时间定额制定的方法

A.1 时间定额制定方法

时间定额制定方法见图 A.1。

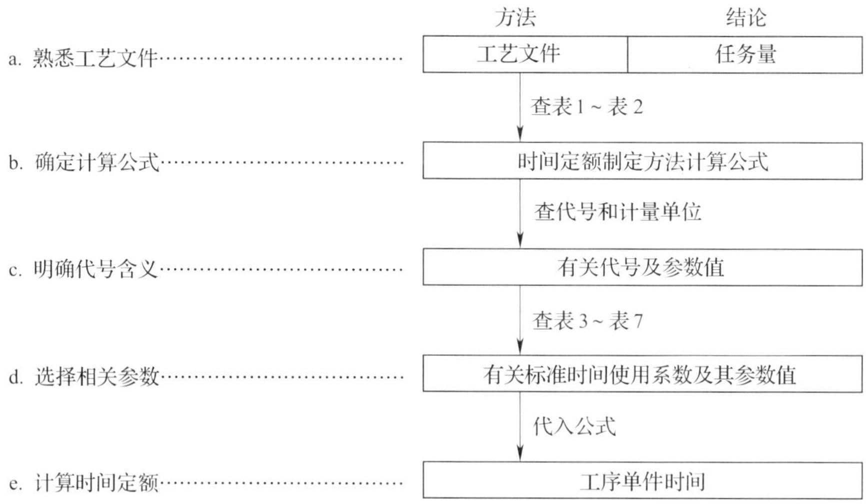

图 A.1

A.2 应用举例

用 0.25 mm×1050 mm×780 mm 的醇酸云母板 DH5241，样板划线手工下料 542 mm×188 mm（6 件每张），用 14 件加工成 ϕ340 mm×ϕ330 mm×H84 mm 的云母环，日产量 N_p=175 片，求单件时间定额（见表 A.1）。

工艺要求：用样板划线手工下料成扇形，刷虫胶漆，晾干。在电热板上加热后用成型模具围制成型。装模后需进烘箱烘焙，压制后再烘，冷却后脱模、清理裁边，试验交出。

表 A.1

工序名称	技术要求	时间定额制定方法计算公式	时间定额 Mm
手工下料	L=1460 mm，N_1=14 片，K_1=1，K_2=1	$T_d=(0.1615L^{0.38}+0.17)K_iN_1$	38.42
	N_p=175 片，T_{zj}=10 Mm	$T_{zjj}=T_{zj}/N_p$	0.06
刷胶、漆	L=542 mm，B=188 mm，N=1 件，N_1=14 件	$T_d=8.1\times10^{-6}(LB/N)N_1$	11.56
	N_p=175 片，T_{zj}=15 Mm	$T_{zjj}=T_{zj}/N_p$	0.09
成型	S=88515.99 mm^2	$T_d=2.4819S^{0.2876}+1.45$	67.15
	N_p=175/14=12.5 片，T_{zj}=10 Mm	$T_{zjj}=T_{zj}/N_p$	0.80
裁边交出	L=2103.8 mm	$T_d=0.2512L^{0.5761}$	20.63
	N_p=175/14=12.5 片，T_{zj}=15 Mm	$T_{zjj}=T_{zj}/N_p$	1.20
合计	—		139.91

ICS 03.100.30
A 02
备案号：71041—2020

LD

中华人民共和国劳动和劳动安全行业标准

LD/T 71.18—2019
代替 LD/T 71.18—2000

轨道交通装备制造业劳动定额 专用电机换向器制造

The work quota for the manufacturing industry of rail transit equipment special motor commutator making

51

2019-01-22 发布　　2019-02-01 实施

中华人民共和国人力资源和社会保障部　发布

目　次

前　言

本标准按GB/T 1.1—2009《标准化工作导则　第1部分：标准的结构和编写》给出的规则起草。

本标准代替LD/T 71.18—2000《铁路工业电机换向器工劳动定额制定》。因行业名称的规范和工艺技术条件的进步、工艺技术水平的提升，将《铁路工业电机换向器工劳动定额制定》修改为《轨道交通装备制造业劳动定额　专用电机换向器制造》方法标准。

与LD/T 71.18—2000相比，除编辑性修改外，主要技术变化如下：

——修改了“范围”（见第1章，2000年版的第1章）；

——修改了“引用标准”为“规范性引用文件”（见第2章，2000年版的第2章）；

——修改了代号N_4为N、D_1为D（见第3章，2000年版的第3章）；

——增加了代号T_{dn}、K_i（见第3章）；

——修改了“换向器制造时间定额的制定”为“专用电机换向器制造时间定额”（见第4章，2000年版的第4章）；

——增加了“换向器制造工作内容”“换向器制造工序单件时间定额的构成”“换向器制造时间定额制定方法”（见4.1、4.2、4.3）；

——增加了“换向器片组装”“换向器装配”“聚四氟乙烯活化板粘贴”“超速试验”“动平衡”等时间定额制定方法条目（见4.3.1～4.3.5）；

——将原表2“换向器加工时间定额的制定公式”改为5个表（见表1～表5，2000年版的表2）；

——修改了“准备与结束时间定额的规定”为“准备与结束时间”（见4.4，2000年版的4.2）；

——修改了表中表头“时间定额计算公式”为“时间定额制定方法计算公式”（见表1～表5，2000年版的表2）；

——修改了“换向器片铣槽”时间定额制定方法计算公式（见4.3.1，2000年版的4.1）；

——修改了工序名称“打F4带”为“聚四氟乙烯活化板粘贴”（见4.3.3，2000年版的4.1）；

——修改了“动平衡品种系数”（见4.5.4，2000年版的5.4）；

——删除了“铣槽材质系数”（见2000年版的5.5）；

——修改了“附录A（提示的附录）”为“附录A（资料性附录）”（见附录A，2000年版的附录A）。

本标准由中华人民共和国人力资源和社会保障部提出。

本标准由全国劳动定额定员标准化技术委员会（SAC/TC 131）归口。

本标准起草单位：中国中车股份有限公司。

本标准主要起草人：于乐溪、马文兴、常兴华、韩秀娟、卢林忠、屈普。

本标准历次版本发布情况为：LD/T 71.18—2000。

轨道交通装备制造业劳动定额　专用电机换向器制造

1　范围

本标准规定了轨道交通装备制造业专用电机换向器制造劳动定额的制定方法。

本标准适用于轨道交通装备制造业专用电机换向器制造劳动定额的制定与管理。

2　规范性引用文件

下列文件对于本文件的应用是必不可少的。凡是注日期的引用文件，仅所注日期的版本适用于本文件。凡是不注日期的引用文件，其最新版本（包括所有的修改单）适用于本文件。

GB/T 14002　劳动定员定额术语

GB/T 14163　工时消耗分类、代号和标准工时构成

LD/T 122　劳动定员定额标准的结构和编写规则

3　代号和计量单位

下列代号和计量单位适用于本文件。

B——宽度，单位为毫米（mm）；

D——直径，单位为毫米（mm）；

G——质量，单位为千克（kg）；

H——厚度，单位为毫米（mm）；

K_i——标准时间使用系数；

L——长度，单位为毫米（mm）；

N——清槽为槽数，超速为台数，片检为换向器片数，单位为槽、台、片；

N_p——一个生产周期的批量数，单位为台、件；

S——表面轮廓面积，单位为平方毫米（mm^2）；

T_y——工艺规定超速试验的时间，单位为分钟（min）；

T_{zx}——单件装卸所消耗的时间，单位为工分（Mm）；

T_{dn}——完全单件时间，单位为工分（Mm）。

4　专用电机换向器制造时间定额

4.1　换向器制造工作内容

换向器制造是指换向器片组装、换向器装配、聚四氟乙烯活化板粘贴、超速、动平衡等加工制造的工艺过程，包括工件加工前的工艺、技术、设备、工夹量具和工装、胎模具的准备，工装、胎模具的安装，根据工艺要求进行的换向器片组装、换向器装配、聚四氟乙烯活化板粘贴、超速、动平衡等加工制造过程，工件加工完成后的摆放、转运，全部产品加工完成后的工作地整理、清扫，借用工具、工装、胎模具的归还。

4.2 换向器制造工序单件时间定额的构成

$$T_d=T_z+T_{zk}+T_{gxk}$$

式中：

T_d——工序单件时间；

T_z——作业时间，包含辅助时间；

T_{zk}——作业宽放时间；

T_{gxk}——个人需要与休息宽放时间。

4.3 换向器制造时间定额制定方法

4.3.1 换向器片组装时间定额制定方法

换向器片组装时间定额制定方法见表1。

表1

工序名称	时间定额制定方法计算公式
换向器片手工调平	$T_d=1.3384\times10^{-2}(LB)^{0.325}N$
压麻点	$T_d=(1.692\times10^{-6}S^{1.23}+0.0018)K_5$
换向器片铣槽	$T_{dn}=5.383\times10^{-3}LH/D+0.416$
换向器片组装	$T_d=(11.455G^{0.52}+0.78)K_1$
注：工作内容包括换向器片的手工调平、压麻点、铣槽、选片、清片、插片、放置瓦块、整形、校正、装压圈等。	

4.3.2 换向器装配时间定额制定方法

换向器装配时间定额制定方法见表2。

表2

工序名称	时间定额制定方法计算公式
换向器装配	$T_{dn}=1.4281G^{0.93}K_2$
清槽	$T_{dn}=1.55\times10^{-3}L^{1.033}NK_3$
片检交出	$T_d=0.1643N+0.25$
注：工作内容包括换向器装配零部件的检查、清理、片检、装套筒、垫绝缘、装云母环、装配及装压圈、紧螺栓、清槽等。	

4.3.3 聚四氟乙烯活化板粘贴时间定额制定方法

聚四氟乙烯活化板粘贴时间定额制定方法见表3。

表3

工序名称	时间定额制定方法计算公式
聚四氟乙烯活化板粘贴	$T_d=4.5517\times10^{-4}LB+10.85$
注：工作内容包括检查、清理、涂封、配制环氧树脂、粘贴、绑扎、装卸等。	

4.3.4 超速试验时间定额制定方法

超速试验时间定额制定方法见表4。

表 4

工序名称	时间定额制定方法计算公式
拆绑扎带	$T_d=0.4545L$
超速试验	$T_{dn}=1.15\times T_y/N$
注：工作内容包括检查、清理、拆绑扎带、装卸假轴和平衡轮、测量、吊装炉盖、紧固、回转加热成型、超速试验等。	

4.3.5 动平衡时间定额制定方法

动平衡时间定额制定方法见表 5。

表 5

工序名称	时间定额制定方法计算公式
动平衡	$T_{dn}=(3.124\times10^{-2}G+26.675)K_4$
注：工作内容包括吊运、装卸、动平衡测量、加装平衡块等。	

4.4 准备与结束时间

准备与结束时间的选用应符合表 6 的规定。

表 6

单位为工分

工序名称	换向片组装	手工调平	聚四氟乙烯活化板粘贴	拆绑扎	片检交出	压麻点
准备与结束时间	30	15				

4.5 标准时间使用系数

4.5.1 换向器片组装质量系数(K_1)

换向器片组装质量系数(K_1)的选用应符合表 7 的规定。

表 7

产品质量	$G\leqslant 60$ kg	60 kg $<G\leqslant$ 70 kg	$G>70$ kg
K_1	0.90	1	1.1

4.5.2 换向器装配质量系数(K_2)

换向器装配质量系数(K_2)的选用应符合表 8 的规定。

表 8

产品质量	$G<70$ kg	70 kg $\leqslant G<$ 80 kg	80 kg $\leqslant G<$ 100 kg	100 kg $\leqslant G<$ 180 kg	$G\geqslant 180$ kg
K_2	1.1	1	0.9	0.7	0.55

4.5.3 清槽品种系数(K_3)

清槽品种系数(K_3)的选用应符合表 9 的规定。

表 9

产品品种	换向器	转子
K_3	0.4	1

4.5.4 动平衡品种系数（K_4）

动平衡品种系数（K_4）的选用应符合表 10 的规定。

表 10

产品品种	牵引电动机	换向器及其他电机	主发电机
K_4	0.8	1.2	1.5

4.5.5 压麻点长宽系数（K_5）

压麻点长宽系数（K_5）的选用应符合表 11 的规定。

表 11

L/B	$L/B<2$	$2\leqslant L/B<3$	$L/B\geqslant 3$
K_5	1	0.8	0.6

附　录　A
（资料性附录）
时间定额制定的方法

A.1　时间定额制定方法

时间定额制定方法见图 A.1。

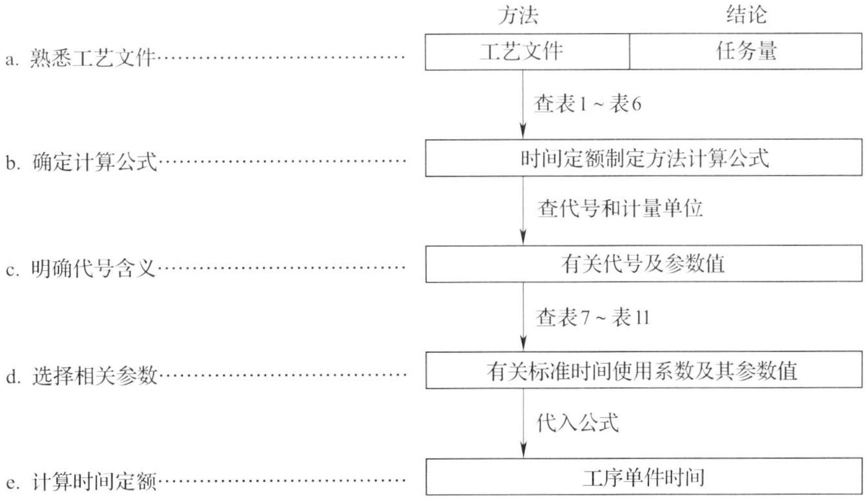

图 A.1

A.2　应用举例

有 L140 mm×B118 mm×H6.67 mm 换向片一批，手工调平后进行换向片组装、装配、清槽、聚四氟乙烯活化板粘贴、拆无纬带、超速、动平衡等工序，制作成换向器，求换向器的制造时间定额（见表 A.1）。

工艺要求：换向器由 200 片换向片、云母片及套筒、压圈、螺栓组成，排圆总质量 67.5 kg，装配总质量 145 kg，转子总质量 900 kg，F4 带规格 45 mm×1130 mm，绑扎带总长度 22 m，清槽长度 121 mm，超速加热时间 135 min，每次测试 2 台，班生产批量 N_p=8 台。

表 A.1

工序名称	技术要求	时间定额制定方法计算公式	时间定额 Mm
换向片手工调平	L=140 mm，B=118 mm，N=200 件	$T_d=1.3384\times10^{-2}(LB)^{0.325}N$	62.87
	N_p=8 台，T_{zj}=15 Mm	$T_{zjj}=T_{zj}/N_p$	1.88
换向片组装	G=67.5 kg，K_1=1	$T_d=(11.455G^{0.52}+0.78)K_1$	103.16
	N_p=8 台，T_{zj}=30 Mm	$T_{zjj}=T_{zj}/N_p$	3.75
换向器装配	G=145 kg，K_2=0.7	$T_{dn}=1.4281G^{0.93}K_2$	102.31
聚四氟乙烯活化板粘贴	L=1130 mm，B=45 mm	$T_d=4.5517\times10^{-4}LB+10.85$	34.00
	N_p=8 台，T_{zj}=15 Mm	$T_{zjj}=T_{zj}/N_p$	1.88
拆绑扎带	L=22 mm	$T_d=0.4545L$	10.00
	N_p=8 台，T_{zj}=15 Mm	$T_{zjj}=T_{zj}/N_p$	1.88

表 A.1（续）

工序名称	技术要求	时间定额制定方法计算公式	时间定额 Mm
动平衡	G=145 kg，K_4=1.2	$T_{dn}=(3.124\times10^{-2}G+26.675)K_4$	37.45
超速试验	T_y=135 min，N=2 台	$T_{dn}=1.15\times T_y/N$	77.63
清槽	L=121 mm，N=200 件，K_3=0.4	$T_{dn}=1.55\times10^{-3}L^{1.033}NK_3$	17.58
片检交出	N=200 件	$T_d=0.1643N+0.25$	33.11
	N_p=8 台，T_{zj}=15 Mm	$T_{zjj}=T_{zj}/N_p$	1.88
合计		—	489.38

ICS 03.100.30
A 02
备案号：71042—2020

LD

中华人民共和国劳动和劳动安全行业标准

LD/T 71.19—2019
代替 LD/T 71.19—2000

轨道交通装备制造业劳动定额 专用电机嵌线

The work quota for the manufacturing industry of rail transit equipment special motor winding

2019-01-22 发布　　2019-02-01 实施

中华人民共和国人力资源和社会保障部　发布

目　次

前　言

本标准按GB/T 1.1—2009《标准化工作导则　第1部分：标准的结构和编写》给出的规则起草。

本标准代替LD/T 71.19—2000《铁路工业电机嵌线工劳动定额制定》。因行业名称的规范和工艺技术条件的进步、工艺技术水平的提升，将《铁路工业电机嵌线工劳动定额制定》修改为《轨道交通装备制造业劳动定额　专用电机嵌线》方法标准。

与LD/T 71.19—2000相比，除编辑性修改外，主要技术变化如下：

——修改了范围（见第1章，2000年版的第1章）；

——修改了"引用标准"为"规范性引用文件"（见第2章，2000年版的第2章）；

——修改了代号L、N的说明（见第3章，2000年版的第3章）；

——删除了代号F、L_1、N_5、T_{dd}、n_5（见2000年版的第3章）；

——增加了代号D、K_i、N_1、N_2、N_3、T_{dn}（见第3章）；

——修改了"电机嵌线工时间定额的制定"为"专用电机嵌线时间定额"（见第4章，2000年版的第4章）；

——增加了"专用电机嵌线工作内容""嵌线工序单件时间定额的构成""嵌线时间定额制定方法"（见4.1、4.2、4.3）；

——增加了"配件安装时间定额制定方法""电机嵌线时间定额制定方法""试验时间定额制定方法""钢丝绑扎时间定额制定方法""焊接时间定额制定方法""定子并头、焊接时间定额制定方法""导电环制作时间定额制定方法""端箍固定绑扎时间定额制定方法""绝缘处理时间定额制定方法"九个条目（见4.3.1～4.3.9）；

——将原表2"电机嵌线工加工时间定额的制定公式"改为九个表（见表1～表9，2000年版的表2）；

——修改了"装卸时间定额的制定"为"装卸时间定额制定方法"（见4.3.10，2000年版的4.2）；

——修改了表中表头"时间定额计算公式"为"时间定额制定方法计算公式"（见表1～表10，2000年版的表2、表3）；

——修改了"导电环制作""导电环、连接线焊接""无纬带绑扎"时间定额制定方法计算公式（见4.3.7、4.3.9，2000年版的4.1）；

——删除了"发电机联线包绝缘""发电机定子联线""件包绝缘""剪联线""联线焊接""下刻""下刻装卸"时间定额计算公式（见2000年版的4.1、4.2）；

——删除了"准备与结束时间的规定"（见2000年版的4.3）；

——增加了"引出线安装""支架安装""定子嵌线""定子嵌线翻槽""定子打槽楔""绝缘电阻测量""匝间耐压测量""对地耐压测量""三相波形检测测量""极性检测""定子并头""并头焊接""连接线制作""绝缘包扎""绝缘绑扎""滚盘装卸"时间定额制定方法计算公式（见4.3.1、4.3.2、4.3.3、4.3.6、4.3.7、4.3.9、4.3.10）；

——增加了"绝缘处理难度系数""焊接设备调节系数"（见4.4.1、4.4.2）；

——修改了"附录A（提示的附录）"为"附录A（资料性附录）"（见附录A，2000年版的附录A）；

——增加了"附录A应用举例A.2.1"（见附录A中的A.2.1）。

本标准由中华人民共和国人力资源和社会保障部提出。

本标准由全国劳动定额定员标准化技术委员会（SAC/TC 131）归口。

本标准起草单位：中国中车股份有限公司。

本标准主要起草人：夏翠萍、赵小娟、凌翠平、李永安。

本标准历次版本发布情况为：LD/T 71.19—2000。

轨道交通装备制造业劳动定额　专用电机嵌线

1　范围

本标准规定了轨道交通装备制造业专用电机嵌线劳动定额的制定方法。

本标准适用于轨道交通装备制造业专用电机嵌线劳动定额的制定与管理。

2　规范性引用文件

下列文件对于本文件的应用是必不可少的。凡是注日期的引用文件，仅所注日期的版本适用于本文件。凡是不注日期的引用文件，其最新版本（包括所有的修改单）适用于本文件。

GB/T 14002　劳动定员定额术语

GB/T 14163　工时消耗分类、代号和标准工时构成

LD/T 122　劳动定员定额标准的结构和编写规则

3　代号和计量单位

下列代号和计量单位适用于本文件。

B——槽楔宽度，单位为毫米（mm）；

D——铁芯直径，单位为毫米（mm）；

G——质量，单位为千克（kg）；

K_i——标准时间使用系数；

L——槽楔长度、绝缘材料用料长度、连接线长度、端环长度、铁芯长度、无纬带用料长度等，单位为毫米（mm）；

N——线圈支数，定子槽数、定子翻槽数、槽楔根数、铜楔数、连接线根数、端环个数、引出线根数、螺栓个数，单位为支、根、个；

N_1——试验检测次数，单位为次；

N_2——均压线一边的线头数，联线头总数，单位为根；

N_3——预紧箍数量、焊接点个数，单位为个；

T_{dn}——完全单件时间，单位为工分（Mm）；

T_{zx}——装卸时间，单位为工分（Mm）。

4　专用电机嵌线时间定额

4.1　专用电机嵌线工作内容

电机嵌线是将电机线圈、引出线等进行安装、焊接、检测、试验的工艺过程，包括电机嵌线前的工艺、技术、设备、工夹量具的准备，定子嵌线、嵌线后耐压检查、定子并头及联线焊接、相间耐压、中性点焊接及绑扎、绝缘电气试验，全部产品加工完成后的工作场地整理、清扫，借用器具等的归还。

4.2 嵌线工序单件时间定额的构成

$$T_d=T_z+T_{zk}+T_{gxk}$$

式中：

T_d——工序单件时间；

T_z——作业时间，包含辅助时间；

T_{zk}——作业宽放时间；

T_{gxk}——个人需要与休息宽放时间。

4.3 嵌线时间定额制定方法

4.3.1 配件安装时间定额制定方法

配件安装时间定额制定方法见表1。

表1

工序名称	时间定额制定方法计算公式
引出线安装	$T_{dn}=0.99N-0.033$
支架安装	$T_{dn}=6.251N+0.59$
支架绝缘	$T_{dn}=6.311\times10^{-5}L+10$
注：工作内容包括支架、引出线的安装、固定、支架绝缘等。	

4.3.2 电机嵌线时间定额制定方法

电机嵌线时间定额制定方法见表2。

表2

工序名称	时间定额制定方法计算公式
定子嵌线	$T_{dn}=(3.94\times10^{-6}LDG+1.077)N+3.134$
定子嵌线翻槽	$T_{dn}=(4.24\times10^{-6}LDG+4.556)N$
定子打槽楔	$T_{dn}=(6.34\times10^{-4}LB+0.104)N$
嵌均压线	$T_{dn}=(-5.0\times10^{-4}N+0.2208)NN_2$
刮填充泥	$T_{dn}=127.02(LB)^{0.5}+0.04$
电枢线圈嵌线	$T_{dn}=[(1.72737\times10^{-3}G+0.0018)L-0.194G+0.403]NK_3$
打铜楔	$T_{dn}=(1.9253\times10^{-2}L+0.0006)N$
打预紧箍	$T_{dn}=(2.28\times10^{-3}L+0.0002)N+2.71N_3+0.5$
转子打槽楔	$T_{dn}=(2.974\times10^{-3}L+0.011)N$
注1：定子嵌线工作内容包括定子检查、放置槽口绝缘、层间绝缘、相间绝缘、嵌线、固定鼻部、绑扎等； 注2：定子嵌线翻槽工作内容包括吊把、翻槽、嵌线、固定鼻部、绑扎、收尾等； 注3：定子打槽楔工作内容包括放置层间绝缘、打槽楔、整形等； 注4：嵌均压线工作内容包括嵌均压线、抹填充泥、垫层间绝缘、扎紧、中频耐压等； 注5：刮填充泥工作内容包括工件清理、倒角、填充泥配制、涂封等； 注6：电枢线圈嵌线工作内容包括清理、倒角、垫绝缘、嵌线等； 注7：打铜楔工作内容包括放置层间绝缘、相间绝缘，放置绝缘垫条、整理铜楔、升高片处打铜楔等； 注8：打预紧箍工作内容包括放假槽楔、扎箍、整理、紧固等； 注9：转子打槽楔工作内容包括清理电枢、整形、拆预紧箍、退假槽楔、打槽楔等。	

4.3.3　试验时间定额制定方法

试验时间定额制定方法见表3。

表3

工序名称	时间定额制定方法计算公式
绝缘电阻测量	$T_{dn}=9.058N_1$
匝间耐压测量	$T_{dn}=1.174N+0.638$
对地耐压测量	$T_{dn}=52N_1$
三相波形检测测量	$T_{dn}=3.278N_1$
转子线圈耐压测试	$T_{dn}=1.8034N^{0.356}+0.56$
极性检测	$T_{dn}=9.16N_1$

注1：绝缘电阻测量工作内容包括绝缘电阻测量等；
注2：匝间耐压测量工作内容包括连接铜导线、匝间耐压测量等；
注3：对地耐压测量工作内容包括连接铜导线、对地耐压测量等；
注4：三相波形检测测量工作内容包括三相波形检测测量等；
注5：转子线圈耐压测试工作内容包括转子线圈耐压测试等；
注6：极性检测工作内容包括极性检测等。

4.3.4　钢丝绑扎时间定额制定方法

钢丝绑扎时间定额制定方法见表4。

表4

工序名称	时间定额制定方法计算公式
钢丝绑扎	$T_{dn}=(18.9234L^{0.4128}-3.141)K_4$

注1：工作内容包括钢丝绑扎、焊头、清理、整形、交出等；
注2：公式中L的计量单位为米。

4.3.5　焊接时间定额制定方法

焊接时间定额制定方法见表5。

表5

工序名称	时间定额制定方法计算公式
自动焊（氩弧焊）	$T_{dn}=4.7457N^{-0.59}N_3K_5$

注：工作内容包括将转子安装在焊接台位上、清理换向器表面、焊接、清理等。

4.3.6　定子并头、焊接时间定额制定方法

定子并头、焊接时间定额制定方法见表6。

表 6

工序名称	时间定额制定方法计算公式
定子并头	$T_{dn}=1.42N-0.412$
并头焊接	$T_{dn}=(1.572N_3-1.26)K_2$
注：工作内容包括调头、剪线、并头、并头焊接、修锉等，可根据焊接面积的大小折算成相应的焊接点个数。	

4.3.7 导电环制作时间定额制定方法

导电环制作时间定额制定方法见表 7。

表 7

工序名称	时间定额制定方法计算公式
导电环制作	$T_{dn}=(1.32\times10^{-2}L+10.67)NK_2$
连接线制作	$T_{dn}=(7.34\times10^{-4}L+0.038)N$
导电环、连接线焊接	$T_{dn}=(2.26N_3+0.554)K_2$
注：工作内容包括导电环量尺寸、下料、排圆、焊接、修锉，连接线下料，导电环和连接线的焊接、修锉等。	

4.3.8 端箍固定绑扎时间定额制定方法

端箍固定绑扎时间定额制定方法见表 8。

表 8

工序名称	时间定额制定方法计算公式
端箍固定绑扎	$T_{dn}=3.4435L^{0.252}+0.5$
注：工作内容包括端箍包绝缘、固定、绑扎等；公式中 L 的计量单位为米。	

4.3.9 绝缘处理时间定额制定方法

绝缘处理时间定额制定方法见表 9。

表 9

工序名称	时间定额制定方法计算公式
绝缘包扎	$T_{dn}=(5.65\times10^{-3}L+0.222)K_1$
绝缘绑扎	$T_{dn}=(4.3\times10^{-3}L+0.366)K_1$
无纬带绑扎	$T_{dn}=(5.12\times10^{-4}L-0.434)N$
注：工作内容包括绝缘包扎及绑扎，无纬带绑扎、整形等。	

4.3.10 装卸时间定额制定方法

装卸时间定额制定方法见表 10。

表 10

工序名称	时间定额制定方法计算公式
滚盘装卸	$T_{zx}=2.12G^{0.65}+0.5$
绑扎无纬带装卸	$T_{zx}=0.52G^{0.45}+0.25$

4.4 标准时间使用系数

4.4.1 绝缘处理难度系数(K_1)

绝缘处理难度系数(K_1)的选用应符合表 11 的规定。

表 11

类型		简单	一般	较难
K_1	绝缘包扎	1.00	1.80	2.52
	绝缘绑扎	1.00	1.63	2.05
注:简单程度一般指绝缘材料预包扎、绑扎等;一般难度指引出线并头绝缘包扎、绑扎等;较难程度指导电环、连接线焊接后的绝缘包扎及绑扎等,可根据产品生产实际情况进行系数微调节。				

4.4.2 焊接设备调节系数(K_2)

焊接设备调节系数(K_2)的选用应符合表 12 的规定。

表 12

焊接设备		调节系数
K_2	电阻焊	1.05
	感应焊	1.00

4.4.3 嵌电枢线圈质量系数(K_3)

嵌电枢线圈质量系数(K_3)的选用应符合表 13 的规定。

表 13

线圈质量	$G<1.2$ kg	$1.2\ \text{kg}\leqslant G<1.5$ kg	$1.5\ \text{kg}\leqslant G<2$ kg	$2\ \text{kg}\leqslant G<3$ kg	$G\geqslant 3$ kg
K_3	1.15	1.05	1.00	0.90	0.80

4.4.4 钢丝绑扎工况系数(K_4)

钢丝绑扎工况系数(K_4)的选用应符合表 14 的规定。

表 14

钢丝绑扎工况	预绑扎		永久性钢丝绑扎	
长度	$L<200$ m	$L\geqslant 200$ m	$L<200$ m	$L\geqslant 200$ m
K_4	1.40	1.00	4.20	3.00

4.4.5　自动焊焊点系数（K_5）

自动焊焊点系数（K_5）的选用应符合表15的规定。

表15

焊接点数	$N_3 < 1400$个	1400个$\leqslant N_3 < 2000$个	2000个$\leqslant N_3 < 3500$个	$N_3 \geqslant 3500$个
K_5	0.90	0.95	1.00	1.20

附 录 A
（资料性附录）
时间定额制定的方法

A.1 时间定额制定方法

时间定额制定方法见图 A.1。

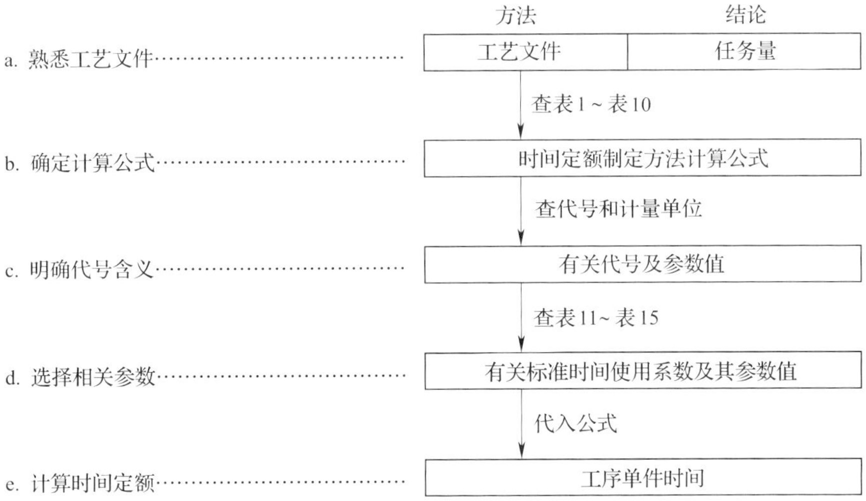

图 A.1

A.2 应用举例

A.2.1 有一台铁芯直径 500 mm、铁芯长度 300 mm、72 槽的电机铁芯机座，需要完成电机嵌线并头工作，每根电机线圈质量为 2 kg，线圈节距为 1 ～ 16，槽楔长度 100 mm，宽度 12 mm，求单台电机嵌线所用时间定额（见表 A.1）。

表 A.1

工序名称	技术要求	时间定额制定方法计算公式	时间定额 Mm
定子嵌线	L=300 mm，D=500 mm，G=2 kg，N=57 根	$T_{dn}=(3.94\times10^{-6}LDG+1.077)N+3.134$	131.90
定子嵌线翻槽	L=300 mm，D=500 mm，G=2 kg，N=15 根	$T_{dn}=(4.24\times10^{-6}LDG+4.556)N$	87.42
定子打槽楔	L=100 mm，B=12 mm，N=216 个	$T_{dn}=(6.34\times10^{-4}LB+0.104)N$	186.80
合计		—	406.12

A.2.2 一批电枢需进行电枢线圈嵌制，技术参数：电枢铁芯槽长 460 mm，50 支线圈，每支电枢线圈质量为 3 kg，230 mm 长的槽楔 100 根，嵌线过程中需打假楔 100 根，扎预紧箍 7 个，交出前进行耐压片检。工艺要求对铁芯进行清理，垫绝缘后嵌线、打假楔、扎预紧箍、烘焙后打槽楔，求这批电枢单件嵌线时间定额（见表 A.2）。

表 A. 2

工序名称	技术要求	时间定额制定方法计算公式	时间定额 Mm
电枢线圈嵌线	L=460 mm，K_3=0.8，G=3 kg，N=50 根	$T_{dn}=[(1.72737\times10^{-3}G+0.0018)L-0.194G+0.403]NK_3$	121.31
打预紧箍	L=230 mm，N_3=7 个，N=100 根	$T_{dn}=(2.28\times10^{-3}L+0.0002)N+2.71N_3+0.5$	71.93
转子打槽楔	L=230 mm，N=100 根	$T_{dn}=(2.974\times10^{-3}L+0.011)N$	69.50
转子线圈耐压测试	N=50 支	$T_{dn}=1.8034N^{0.356}+0.56$	7.82
合计		—	270.56

ICS 03.100.30
A 02
备案号：71043—2020

LD

中华人民共和国劳动和劳动安全行业标准

LD/T 71.20—2019
代替 LD/T 71.20—2000

轨道交通装备制造业劳动定额 专用电机装配

The work quota for the manufacturing industry of rail transit equipment special motor assembly

81

2019-01-22 发布 2019-02-01 实施

中华人民共和国人力资源和社会保障部 发布

目　次

前　言

本标准按GB/T 1.1—2009《标准化工作导则　第1部分：标准的结构和编写》给出的规则起草。

本标准代替LD/T 71.20—2000《铁路工业电机钳工劳动定额制定》。因行业名称的规范和工艺技术条件的进步、工艺技术水平的提升，将《铁路工业电机钳工劳动定额制定》修改为《轨道交通装备制造业劳动定额　专用电机装配》方法标准。

与LD/T 71.20—2000相比，除编辑性修改外，主要技术变化如下：

——修改了范围（见第1章，2000年版的第1章）；

——修改了“引用标准”为“规范性引用文件”（见第2章，2000年版的第2章）；

——修改了代号D、H、G（见第3章，2000年版的第3章）；

——删除了代号$D\pi$、N_7、n_7（见2000年版的第3章）；

——增加了代号C、L_1、N、N_1、N_2、S_1、T_{dn}、K_i、n（见第3章）；

——修改了“电机钳工时间定额的制定”为“专用电机装配时间定额”（见第4章，2000年版的第4章）；

——增加了“专用电机装配工作内容”“电机装配工序单件时间定额的构成”“电机装配时间定额制定方法”（见4.1、4.2、4.3）；

——增加了“发动机联线时间定额制定方法”“压装磁极时间定额制定方法”“下刻时间定额制定方法”“转子装配时间定额制定方法”“定子、转子装配时间定额制定方法”“定子、转子过丝时间定额制定方法”“轴承压装时间定额制定方法”“轴承装配时间定额制定方法”“联接线包绝缘时间定额制定方法”“电机装配时间定额制定方法”“联轴器安装时间定额制定方法”“电器安装时间定额制定方法”“打印标识时间定额制定方法”“装卸时间定额制定方法”条目（见4.3.1～4.3.14）；

——将原表2“电机钳工时间定额的制定公式”改为13个表（见表1～表13，2000年版的表2）；

——修改了表中表头“时间定额计算公式”为“时间定额制定方法计算公式”（见表1～表14，2000年版的表2、表4、表5）；

——修改了“压装轴承装卸时间定额的制定”为“装卸时间定额制定方法”（见4.3.14，2000年版的4.2.2）；

——修改了“轴承压装”“紧固件安装”时间定额制定方法计算公式（见4.3.7、4.3.10，2000年版的4.2.3、4.1）；

——增加了“发电机联线时间定额制定方法”“下刻时间定额制定方法”“转子装配时间定额制定方法”“定子、转子过丝时间定额制定方法”“电机装配时间定额制定方法”“联轴器安装时间定额制定方法”“电器安装时间定额制定方法”“装卸时间定额制定方法”等时间定额制定方法计算公式（见4.3.1、4.3.3、4.3.4、4.3.6、4.3.10、4.3.11、4.3.12、4.3.14）；

——增加了“准备与结束时间”（见4.4）；

——删除了“工件清洗”“工件装配”时间定额计算公式（见2000年版的4.1）；

——删除了“压装轴承准备与结束时间定额的规定”（见2000年版4.2.1）；

——修改了“电机装配系数”“工件装配紧螺钉系数”“轴承装配复杂系数”（见4.5.4、4.5.6、4.5.7，2000年版的5.2、5.5、5.7）；

——增加了“过丝工况系数”（见4.5.1）；

——删除了“工件清洗重量系数”（见2000年版的5.6）；

——修改了“附录A（提示的附录）”为“附录A（资料性附录）”（见附录A，2000年版的附录A）；

——增加了“附录A　应用举例　A.2.1”（见A.2.1）；

——删除了“附录A　应用举例　电机端盖装配举例”（见2000年版附录A中的A2）。

本标准由中华人民共和国人力资源和社会保障部提出。

本标准由全国劳动定额定员标准化技术委员会（SAC/TC 131）归口。

本标准起草单位：中国中车股份有限公司。

本标准主要起草人：陈成桥、魏风良、赵天军、黄彪。

本标准历次版本发布情况为：LD/T 71.20—2000。

轨道交通装备制造业劳动定额　专用电机装配

1　范围

本标准规定了轨道交通装备制造业专用电机装配劳动定额的制定方法。

本标准适用于轨道交通装备制造业专用电机装配劳动定额的制定与管理。

2　规范性引用文件

下列文件对于本文件的应用是必不可少的。凡是注日期的引用文件，仅所注日期的版本适用于本文件。凡是不注日期的引用文件，其最新版本（包括所有的修改单）适用于本文件。

GB/T 14002　劳动定员定额术语

GB/T 14163　工时消耗分类、代号和标准工时构成

LD/T 122　劳动定员定额标准的结构和编写规则

3　代号和计量单位

下列代号和计量单位适用于本文件。

C——定子、转子周长，单位为毫米（mm）；

D——转子直径，螺栓公称直径、轴承孔径，单位为毫米（mm）；

G——工件质量，单位为千克（kg）；

H——攻丝深度，压轴承深度，单位为毫米（mm）；

K_i——标准时间使用系数；

L——长度，螺纹长度，单位为毫米（mm）；

L_1——绝缘材料用料长度，单位为米（m）；

N——数量，单位为个；

N_1——嵌线下刻为槽数、焊接为焊点数，单位为个；

N_2——数量，均压线一边的线头数，联线头总数，单位为根；

n——字、印戳数量，单位为个；

S——磁极烫熨表面积，单位为平方毫米（mm^2）；

S_1——作业面积，单位为平方米（m^2）；

T_{dd}——不完全单件时间，单位为工分（Mm）；

T_{dn}——完全单件时间，单位为工分（Mm）；

T_{zx}——装卸时间，单位为工分（Mm）。

4　专用电机装配时间定额

4.1　专用电机装配工作内容

电机装配是指将电机各组件、零件进行装配、试验的加工工艺过程，包括电机装配前的工艺、技术、设

备、工夹量具的准备，工装的安装，根据工艺要求进行的装配、加工、测量，工件装配加工完成后的卸下、试验，全部产品加工完成后的工作场地整理、清扫，借用器具等的归还。

4.2 电机装配工序单件时间定额的构成

$$T_d = T_z + T_{zk} + T_{gxk}$$

式中：

T_d——工序单件时间；

T_z——作业时间，包含辅助时间；

T_{zk}——作业宽放时间；

T_{gxk}——个人需要与休息宽放时间。

4.3 电机装配时间定额制定方法

4.3.1 发电机联线时间定额制定方法

发动机联线时间定额制定方法见表1。

表1

工序名称	时间定额制定方法计算公式
剪联线	$T_{dn}=0.0283N_2+1.64$
定子联线	$T_{dn}=8.7688\times10^{-2}N_2^{1.29}+0.56$
联线焊接	$T_{dn}=0.2804N_1^{0.96}+1.543$
联线包绝缘	$T_{dn}=6.5926L_1^{0.985}+3.543$
件包绝缘	$T_{dn}=0.9468L_1^{0.87}+0.05$

注1：剪联线工作内容包括剪联线、清理线头等；

注2：定子联线工作内容包括焊接、清理焊接处高点等；

注3：联线焊接工作内容包括焊接、修锉、清理等；

注4：件包绝缘工作内容包括导电环及周边包绝缘等。

4.3.2 压装磁极时间定额制定方法

压装磁极时间定额制定方法见表2。

表2

工序名称	时间定额制定方法计算公式
压装磁极	$T_{dn}=(1.2774G^{0.7}+0.067)K_3N$
装模压极	$T_{dn}=3.2789G^{0.587}N$
烫包	$T_{dn}=5.5864\times10^{-2}S^{0.487}N$

注1：压装磁极工作内容包括清理、擦洗、垫绝缘、浇注硅胶填充泥、套线圈、压入等；

注2：装模压极工作内容包括装模、压极等；

注3：烫包工作内容包括清理、擦洗、刷漆、粘贴等。

4.3.3 下刻时间定额制定方法

下刻时间定额制定方法见表3。

表3

工序名称	时间定额制定方法计算公式
下刻	$T_{dd}=(1.657\times10^{-4}L^{1.38}+0.0023)N_1$
注：工作内容包括换向器下刻等。	

4.3.4 转子装配时间定额制定方法

转子装配时间定额制定方法见表4。

表4

工序名称	时间定额制定方法计算公式
转子嵌导条	$T_{dn}=(0.015L+0.1036)N$
导条楔紧	$T_{dn}=(0.0018L+0.924)N$
端环焊接	$T_{dn}=337.7GS_1+5.1128$
端环清洗	$T_{dn}=5.798GS_1+15.6841$
注1：转子嵌导条工作内容包括检查清理、导条准备、导条去氧化皮、嵌导条等； 注2：导条楔紧工作内容包括导条整形、楔紧等； 注3：端环焊接工作内容包括端环准备、放焊料、焊接等，公式中的 S_1 为端环焊接面积，G 为端环质量； 注4：端环清洗工作内容包括冷却清理、清理焊剂、检查等，公式中的 S_1 为清洗面积，G 为端环质量。	

4.3.5 定子、转子装配时间定额制定方法

定子、转子装配时间定额制定方法见表5。

表5

工序名称	时间定额制定方法计算公式
预紧	$T_{dn}=[5.5355\times10^{-3}(CL)^{0.759}+0.0698]nN$
调整紧固	$T_{dn}=[1.4199(CL)^{0.1542}+0.0002]nN$
注：工作内容包括工件清理、擦洗、选配、吊运落位、带螺栓预装、调整紧固等。	

4.3.6 定子、转子过丝时间定额制定方法

定子、转子过丝时间定额制定方法见表6。

表 6

工序名称	时间定额制定方法计算公式
定子、转子过丝	$T_{dn}=(0.0007HK_1+0.6248)N$
注：工作内容包括定子、转子过丝，清理攻丝孔等。	

4.3.7 **轴承压装时间定额制定方法**

轴承压装时间定额制定方法见表 7。

表 7

工序名称	时间定额制定方法计算公式
注润滑脂	$T_{dn}=21G^{0.3042}$
轴承压装	$T_{dn}=23.7541nG-67.51$
注 1：注润滑脂工作内容包括检查清理、注润滑脂等，公式中 G 为润滑脂质量； 注 2：轴承压装工作内容包括装轴承、放橡胶片、测绝缘电阻等，公式中 G 为轴承和端盖合计质量。	

4.3.8 **轴承装配时间定额制定方法**

轴承装配时间定额制定方法见表 8。

表 8

工序名称		时间定额制定方法计算公式
轴承装配	$L<100$ mm	$T_{dn}=(6.9617\times10^{-5}L+0.0367)D+0.02657L+1.56$
	$L\geqslant100$ mm	$T_{dn}=(6.7525\times10^{-5}L+0.037)D+0.0267L+1.57$
注：工作内容包括取轴承、检测、落位、校正、加油脂等。		

4.3.9 **联接线包绝缘时间定额制定方法**

联接线包绝缘时间定额制定方法见表 9。

表 9

工序名称	时间定额制定方法计算公式
联接线包绝缘	$T_{dn}=1.04336\times10^{-3}L_1^{0.87}$
注：工作内容包括对联接线包绝缘。	

4.3.10 **电机装配时间定额制定方法**

电机装配时间定额制定方法见表 10。

表 10

工序名称	时间定额制定方法计算公式
配件装配	$T_{dn}=(7.323\ln G+12.9628)K_2$
端盖安装	$T_{dn}=7.4336\ln G+26.64$
定子转子合装	$T_{dn}=2\times10^{-6}\times(\pi DL)^{1.112}$
游隙测量	$T_{dn}=23.828G+0.1818$
紧固件安装	$T_{dn}=[1.0948\times(\pi DL)^{0.0518}]NK_6$
注 1：配件装配工作内容包括安装油封、轴承外盖、轴承外圈、轴承内盖等，公式中 G 为油封、轴承外盖、轴承外圈、轴承内盖等配件的质量； 注 2：端盖安装工作内容包括安装传动端端盖、非传动端端盖、中间端盖等，公式中 G 为端盖质量； 注 3：定子转子合装工作内容包括定子转子合装、粘贴橡胶垫等，公式中 L 为转子长度，D 为转子直径； 注 4：游隙测量工作内容包括游隙测量作业，公式中 G 为轴承质量； 注 5：紧固件安装工作内容包括安装螺栓紧固，公式中 L 为螺栓长度，D 为螺栓公称直径。	

4.3.11 联轴器安装时间定额制定方法

联轴器安装时间定额制定方法见表 11。

表 11

工序名称	时间定额制定方法计算公式
联轴器安装	$T_{dn}=6.0\times10^{-5}S_1+39.802$
注：工作内容包括联轴节、小齿轮压装等，公式中 S_1 为结合面接触面积。	

4.3.12 电器安装时间定额制定方法

电器安装时间定额制定方法见表 12。

表 12

工序名称	时间定额制定方法计算公式
电器安装	$T_{dn}=1.6S_1^{0.4}N$
注：工作内容包括电连接器的安装、传感器安装等。	

4.3.13 打印标识时间定额制定方法

打印标识时间定额制定方法见表 13。

表 13

工序名称	时间定额制定方法计算公式
打印标识	$T_{dn}=(0.28n+0.12)K_8$
注：工作内容包括字号打印、划防松标识等。	

4.3.14 装卸时间定额制定方法

装卸时间定额制定方法见表 14。

表 14

工序名称	时间定额制定方法计算公式
压装轴承	$T_{zx}=0.65G^{0.5}$
下刻	$T_{zx}=0.4147G^{0.5}+0.5$

4.4 准备与结束时间

下刻准备与结束时间见表 15。

表 15

单位为工分

工序名称	时间定额
下刻准备与结束时间	30

4.5 标准时间使用系数

4.5.1 过丝工况系数（K_1）

过丝工况系数（K_1）的选用应符合表 16 的规定。

表 16

工况	风动扳手	手动扳手
K_1	1	3

4.5.2 装配复杂系数（K_2）

装配复杂系数（K_2）的选用应符合表 17 的规定。

表 17

装配复杂程度	一般	较复杂	复杂
K_2	1.00	1.10	1.40
注 1：一般是指装配过程中工件之间属于间隙配合，不需要使用专门工装和设备； 注 2：较复杂是指装配过程中工件之间属于过渡配合，需要使用一定的工装和设备； 注 3：复杂是指装配过程中工件之间属于过盈配合，需要加热或使用专门的工装和设备。			

4.5.3　压装磁极电机品种系数（K_3）

压装磁极电机品种系数（K_3）的选用应符合表 18 的规定。

表 18

压装磁极电机品种	主发电机	其他电机
K_3	0.50	1.00

4.5.4　电机装配系数（K_4）

电机装配系数（K_4）的选用应符合表 19 的规定。

表 19

电机装配方式	立装	卧装
K_4	1.00	1.20

4.5.5　工件装配质量系数（K_5）

工件装配质量系数（K_5）的选用应符合表 20 的规定。

表 20

工件质量	$G < 20$ kg	20 kg $\leqslant G <$ 500 kg	$G \geqslant$ 500 kg
K_5	1.00	1.20	1.50

93

4.5.6　工件装配紧螺钉系数（K_6）

工件装配紧螺钉系数（K_6）的选用应符合表 21 的规定。

表 21

紧螺钉工具	带螺帽旋入	呆板手、梅花扳手	棘轮、内六角扳手	扭力扳手	螺丝刀手动	曲柄扳手	螺丝刀电动、风动	扳手电动、风动
K_6	1.20	1.00	0.80	0.5	0.5	0.4	0.3	0.25

4.5.7　轴承装配复杂系数（K_7）

轴承装配复杂系数（K_7）的选用应符合表 22 的规定。

表 22

轴承装配方式	内外环全装	只装内环	加热装配	只装外环
K_7	1.00	0.70	0.60	0.30

4.5.8　打印标识系数（K_8）

打印标识系数（K_8）的选用应符合表 23 的规定。

表 23

打印标识方式	电笔写标识	印胶皮戳	平面打字	在圆弧面上打字或符号
K_8	0.60	0.70	1.00	2.00

附　录　A
（资料性附录）
时间定额制定的方法

A.1　时间定额制定方法

时间定额制定方法见图 A.1。

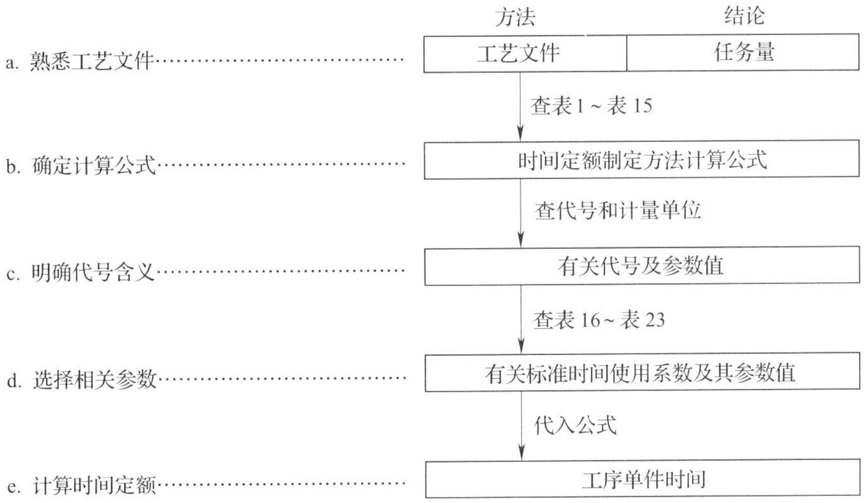

图 A.1

A.2　应用举例

A.2.1　一批牵引电机转子需要装配，导条长度为 230 mm，导条数量为 48 根，单端端环质量为 7.6 kg，端环焊接面积共约 0.025 m^2，清洗面积约 0.57 m^2，求转子装配时间定额（见表 A.1）。

表 A.1

工序名称	技术要求	时间定额制定方法计算公式	时间定额 Mm
转子嵌导条	L=230 mm，N=48 个	T_{dn}=(0.015L+0.1036)N	170.57
导条楔紧	L=230 mm，N=48 个	T_{dn}=(0.0018L+0.924)N	64.22
端环焊接	G=7.6 kg，S_1=0.025 m^2	T_{dn}=337.7GS_1+5.1128	69.28
端环清洗	G=7.6 kg，S_1=0.57 m^2	T_{dn}=5.798GS_1+15.6841	40.80
合计		—	344.87

A.2.2　一批主发电机转子需要组装，需经过烫包、压极、转子装配等工序。技术工艺要求：转子由 18 个磁极、72 个 M30×55 的螺栓组成，磁极装配后总质量为 57 kg，压极前需进行粘贴绝缘材料、烫熨，烫熨尺寸 L481 mm×B100 mm×H91 mm。求电机转子的装配时间定额（见表 A.2）。

表 A.2

工序名称	技术要求	时间定额制定方法计算公式	时间定额 Mm
烫包	N=18 个，S=114400 mm^2	$T_{dn}=5.5864\times10^{-2}S^{0.487}N$	292.32
压装磁极	G=57 kg，K_3=0.5，N=18 个	$T_{dn}=(1.2774G^{0.7}+0.067)K_3N$	195.44
转子装配预紧	CL=5184.3 mm^2，N=18 个，n=4 个	$T_{dn}=[5.5355\times10^{-3}(CL)^{0.759}+0.0698]nN$	268.02
转子装配调整紧固	CL=5184.3 mm^2，N=18 个，n=4 个	$T_{dn}=[1.4199(CL)^{0.1542}+0.0002]nN$	382.31
合计		—	1138.09

ICS 03.100.30
A 02
备案号：71044—2020

LD

中华人民共和国劳动和劳动安全行业标准

LD/T 71.21—2019
代替 LD/T 71.21—2000

轨道交通装备制造业劳动定额 专用电机绝缘浸渍加工

The work quota for the manufacturing industry of rail transit equipment special motor insulation varnish

99

2019-01-22 发布　　2019-02-01 实施

中华人民共和国人力资源和社会保障部　发布

目　次

前　言

本标准按GB/T 1.1—2009《标准化工作导则 第1部分：标准的结构和编写》给出的规则起草。

本标准代替LD/T 71.21—2000《铁路工业电机浸漆工劳动定额制定》。因行业名称的规范和工艺技术条件的进步、工艺技术水平的提升，将《铁路工业电机浸漆工劳动定额制定》修改为《轨道交通装备制造业劳动定额　专用电机绝缘浸渍加工》方法标准。

与LD/T 71.21—2000相比，除编辑性修改外，主要技术变化如下：

——修改了范围（见第1章，2000年版的第1章）；

——修改了“引用标准”为“规范性引用文件”（见第2章，2000年版的第2章）；

——增加了代号N、K_i、N_1、N_2、T_{dn}（见第3章）；

——删除了代号N_7、n_3（见2000年版的第3章）；

——修改了“浸漆工时间定额的制定”为“专用电机绝缘浸漆加工时间定额”（见第4章，2000年版的第4章）；

——增加了“浸漆加工工作内容”“浸漆加工工序单件时间定额的构成”“浸漆加工时间定额制定方法”（见4.1、4.2、4.3）；

——增加了“自动浸漆时间定额制定方法”“工件清理时间定额制定方法”“装卸保护螺栓时间定额制定方法”“工件烘制时间定额制定方法”“装炉出炉时间定额制定方法”五个条目（见4.3.1～4.3.5）；

——修改了表中表头“时间定额计算公式”为“时间定额制定方法计算公式”（见4.3.1～4.3.5，2000年版的表2、表3）；

——修改了“自动真空浸漆”“自动普通浸漆”“电机清理交出”“装卸保护螺栓”时间定额制定方法计算公式（见4.3.1、4.3.2、4.3.3，2000年版的第4章）；

——增加了“工件预烘、静烘烘焙”“工件旋转烘焙”“交流电机的装炉出炉”时间定额制定方法计算公式（见4.3.4、4.3.5）；

——删除了“非自动普通浸漆”“线圈清理交出”“工件烘制”时间定额计算公式（见2000年版的表2、表3）；

——增加了“电机绝缘漆品种系数”（见4.4.3）；

——修改了“附录A（提示的附录）”为“附录A（资料性附录）”（见附录A，2000年版的附录A）；

——修改了“附录A中的应用举例”（见附录A中的A.2，2000年版附录A的A2）。

本标准由中华人民共和国人力资源和社会保障部提出。

本标准由全国劳动定额定员标准化技术委员会（SAC/TC 131）归口。

本标准起草单位：中国中车股份有限公司。

本标准主要起草人：唐维佳、夏翠萍、王山、毛俊豪。

本标准历次版本发布情况为：LD/T 71.21—2000。

轨道交通装备制造业劳动定额　专用电机绝缘浸渍加工

1　范围

本标准规定了轨道交通装备制造业专用电机绝缘浸渍加工劳动定额的制定方法。

本标准适用于轨道交通装备制造业专用电机绝缘浸渍加工劳动定额的制定与管理。

2　规范性引用文件

下列文件对于本文件的应用是必不可少的。凡是注日期的引用文件，仅所注日期的版本适用于本文件。凡是不注日期的引用文件，其最新版本（包括所有的修改单）适用于本文件。

GB/T 14002　劳动定员定额术语

GB/T 14163　工时消耗分类、代号和标准工时构成

LD/T 122　劳动定员定额标准的结构和编写规则

3　代号和计量单位

下列代号和计量单位适用于本文件。

d——螺孔公称直径，单位为毫米（mm）；

H——螺孔深度，单位为毫米（mm）；

K_i——标准时间使用系数；

N——螺孔的数量，单位为个；

N_1——规定装炉量，单位为台；

N_2——设备数量，单位为台；

S——螺孔面积，单位为平方毫米（mm^2）；

T_{dn}——完全单件时间，单位为工分（Mm）；

T_y——工件工艺时间，单位为工分（Mm）。

4　专用电机绝缘浸漆加工时间定额

4.1　浸漆加工工作内容

浸漆加工是指操作真空压力浸漆及浇注的设备，对电机、电器、变压器、绝缘件及工件进行绝缘浸漆、浇注成型、烘干与处理的工艺过程，包括工件绝缘浸漆加工前的工艺、技术、设备、工夹量具准备，工件装夹、工装的安装，根据工艺要求进行的浸漆加工，工件加工完成后的卸下，全部产品加工完成后的工作场地整理、清扫，借用工具等的归还。

4.2　浸漆加工工序单件时间定额的构成

$$T_d=T_z+T_{zk}+T_{gxk}$$

式中：

T_d——工序单件时间；

T_z——作业时间，包含辅助时间；

T_{zk}——作业宽放时间；

T_{gxk}——个人需要与休息宽放时间。

4.3 浸漆加工时间定额制定方法

4.3.1 自动浸漆时间定额制定方法

自动浸漆时间定额制定方法见表 1。

表 1

工序名称	时间定额制定方法计算公式
自动真空浸漆	$T_{dn}=(0.3126T_y+25)K_1/N_1$
自动普通浸漆	$T_{dn}=(0.3126T_y+18.75)K_1/N_1$
注：工作内容包括抽真空、保真空、输漆、真空浸漆、加压、保压、回漆、滴漆等。	

4.3.2 工件清理时间定额制定方法

工件清理时间定额制定方法见表 2。

表 2

工序名称	时间定额制定方法计算公式
电机清理交出	$T_{dn}=0.1392S^{0.4415}K_2K_3+8.131$
清理螺孔	$T_{dn}=[2.2385\times10^{-3}H^{0.73}(d-11)^2+0.052H+0.35]N$
注：工作内容包括漆膜清理、表面清理等。	

4.3.3 装卸保护螺栓时间定额制定方法

装卸保护螺栓时间定额制定方法见表 3。

表 3

工序名称	时间定额制定方法计算公式
装卸保护螺栓	$T_{dn}=1.45N$
注：工作内容包括装、卸螺孔保护螺栓等。	

4.3.4 工件烘制时间定额制定方法

工件烘制时间定额制定方法见表 4。

表 4

工序名称	时间定额制定方法计算公式
工件预烘、静烘烘焙	$T_{dn}=0.525T_y/(N_1N_2)$
工件旋转烘焙	$T_{dn}=3.58T_y/(N_1N_2)$
注：工作内容包括工件预烘、静烘、旋转烘焙等。	

4.3.5　装炉出炉时间定额制定方法

装炉出炉时间定额制定方法见表5。

表5

工序名称	时间定额制定方法计算公式
直流电机绝缘件的装炉出炉	$T_{dn}=7.5/N_1$
直流电机其他件的装炉出炉	$T_{dn}=3.5/N_1+1.25$
交流电机的装炉出炉	$T_{dn}=118/N_1$
注：工作内容包括工件的进炉、出炉、进罐、出罐等。	

4.4　标准时间使用系数

4.4.1　自动浸漆工况系数（K_1）

自动浸漆工况系数（K_1）的选用应符合表6的规定。

表6

自动浸漆工况	双缸交叉浸漆	单缸浸漆
K_1	1.00	1.60

4.4.2　电机清理品种系数（K_2）

电机清理品种系数（K_2）的选用应符合表7的规定。

表7

电机清理品种	牵引电机电枢清理	牵引电机定子清理	启动电机转子、发电机定子清理
K_2	1.00	0.85	0.65

4.4.3　电机绝缘漆品种系数（K_3）

电机绝缘漆品种系数（K_3）的选用应符合表8的规定。

表8

品种	低黏度漆	中等黏度漆	高黏度漆
K_3	1.00	1.25	1.50

附　录　A
（资料性附录）
时间定额制定的方法

A.1　时间定额制定方法

时间定额制定方法见图 A.1。

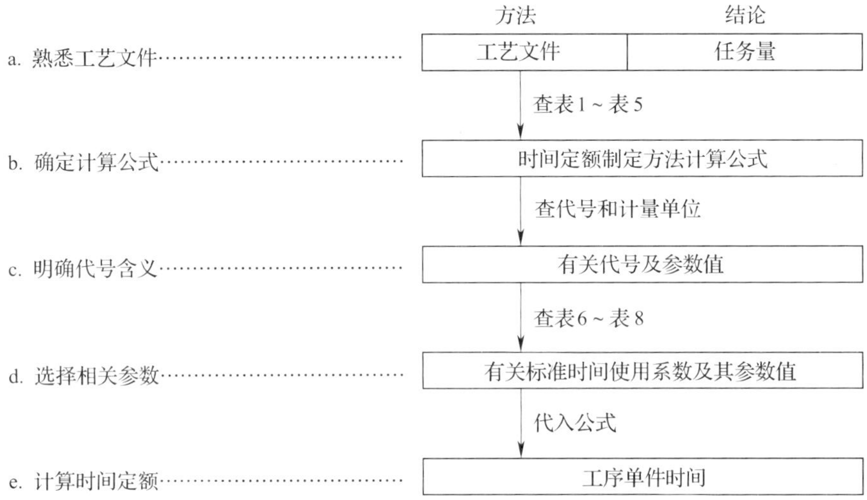

图 A.1

A.2　应用举例

一批牵引电机定子进行绝缘浸漆加工处理，真空压力浸漆一次，烘焙后进行清理，定子需要清理的面积为 165688 mm^2，每罐浸漆 4 台，每箱预烘 6 台，每箱静烘及旋转烘焙 2 台，单罐作业，求单台定子的浸漆时间定额（见表 A.1）。

表 A.1

工序名称	技术要求	时间定额制定方法计算公式	时间定额 Mm
自动真空浸漆	$N_1=4$，$K_1=1.60$，$T_y=420$ Mm	$T_{dn}=(0.3126T_y+25)K_1/N_1$	62.52
装卸保护螺栓	$N=4$ 个	$T_{dn}=1.45N$	5.80
工件预烘	$T_y=600$ Mm，$N_1=6$ 台，$N_2=2$ 台	$T_{dn}=0.525T_y/(N_1N_2)$	26.25
工件静烘	$T_y=900$ Mm，$N_1=2$ 台，$N_2=7$ 台	$T_{dn}=0.525T_y/(N_1N_2)$	33.75
工件旋转烘焙	$T_y=300$ Mm，$N_1=2$ 台，$N_2=7$ 台	$T_{dn}=3.58T_y/(N_1N_2)$	76.71
交流电机的装炉出炉	$N_1=4$ 台	$T_{dn}=118/N_1$	29.5
清理交出	$S=165688$ mm^2，$K_2=1.00$，$K_3=1.00$	$T_{dn}=0.1392S^{0.4415}K_2K_3+8.131$	36.18
合计		—	270.71

ICS 03.100.30
A 02
备案号：71045—2020

LD

中华人民共和国劳动和劳动安全行业标准

LD/T 71.22—2019
代替 LD/T 71.22—2000

轨道交通装备制造业劳动定额 专用齿轮铣齿加工

The work quota for the manufacturing industry of rail transit equipment special gear milling

2019-01-22 发布　　　　2019-02-01 实施

中华人民共和国人力资源和社会保障部　　发 布

目　　次

前　　言

本标准按GB/T 1.1—2009《标准化工作导则　第1部分：标准的结构和编写》给出的规则起草。

本标准代替LD/T 71.22—2000《铁路工业制齿工劳动定额制定　第一部分：铣齿劳动定额制定》。因行业名称的规范和工艺技术条件的进步、工艺技术水平的提升，将《铁路工业制齿工劳动定额制定　第一部分：铣齿劳动定额制定》修改为《轨道交通装备制造业劳动定额　专用齿轮铣齿加工》方法标准。

与LD/T 71.22—2000相比，除编辑性修改外，主要技术变化如下：

——修改了范围（见第1章，2000年版的第1章）；

——修改了“引用标准”为“规范性引用文件”（见第2章，2000年版的第2章）；

——修改了T_{zjg}、T_{zjf}（见第3章，2000年版的第3章）；

——删除了T_{dd}、T_{zx}（见2000年版的第3章）；

——修改了“铣齿机床加工时间定额的制定”为“专用齿轮铣齿加工时间定额”（见第4章，2000年版的第4章）；

——增加了“齿轮铣齿加工工作内容”（见4.1）；

——增加了“齿轮铣齿加工工序单件时间定额的构成”（见4.2）；

——增加了N_p、T_d、T_f、T_j（见第3章、4.2）；

——修改了“装卸时间定额的制定”为“辅助作业时间定额制定方法”（见4.3.1，2000年版的4.1）；

——修改了“工步时间定额”为“基本作业时间定额制定方法”（见4.3.2，2000年版的4.2）；

——修改了“准备与结束时间”（见4.4，2000年版的4.3）；

——增加了“加工方法系数”（见4.5.3）；

——修改了表中表头“时间定额计算公式”为“时间定额制定方法计算公式”（见表1、表2，2000年版的表3、表4）；

——修改了附录“提示的附录”为“资料性附录”（见附录A，2000年版的附录A）；

——修改了附录A应用举例A.2（见附录A，2000年版的附录A中的A.2）。

本标准由中华人民共和国人力资源和社会保障部提出。

本标准由全国劳动定额定员标准化技术委员会（SAC/TC 131）归口。

本标准起草单位：中国中车股份有限公司。

本标准主要起草人：易志新、王文明、毛忠军、李质强。

本标准历次版本发布情况为：LD/T 71.22—2000。

轨道交通装备制造业劳动定额　专用齿轮铣齿加工

1　范围

本标准规定了轨道交通装备制造业专用齿轮铣齿加工劳动定额的制定方法。

本标准适用于轨道交通装备制造业专用齿轮铣齿加工劳动定额的制定与管理。

2　规范性引用文件

下列文件对于本文件的应用是必不可少的。凡是注日期的引用文件，仅所注日期的版本适用于本文件。凡是不注日期的引用文件，其最新版本（包括所有的修改单）适用于本文件。

GB/T 14002　劳动定员定额术语

GB/T 14163　工时消耗分类、代号和标准工时构成

LD/T 122　劳动定员定额标准的结构和编写规则

3　代号和计量单位

下列代号和计量单位适用于本文件。

D_a——齿顶圆直径，被加工齿轮的齿部顶圆直径，单位为毫米（mm）；

G——工件质量，单位为千克（kg）；

h——齿轮高度，被加工齿轮的高度，单位为毫米（mm）；

K_i——标准时间使用系数；

M_n——模数，被加工齿轮的法向模数，单位为毫米（mm）；

N_p——批量数，单位为件；

T_{zjf}——准备与结束时间（附加部分），单位为工分（Mm）；

T_{zjg}——准备与结束时间（固定部分），单位为工分（Mm）；

z——齿数，被加工齿轮的齿数，单位为个。

4　专用齿轮铣齿加工时间定额

4.1　齿轮铣齿加工工作内容

齿轮铣齿加工是指采用螺旋铣齿机对工件表面进行铣削成型的工艺过程，包括工件加工前的工艺、技术、设备、工夹量具和刀具的准备，工件装夹、找正，刀具、工装的安装，根据工艺要求进行的工件表面铣削加工与测量，工件加工完成后的卸下，全部产品加工完成后的工作场地整理、清扫，借用刀具、工具等的归还。

4.2　齿轮铣齿加工工序单件时间定额的构成

$$T_d=T_f+T_j+T_{zj}$$

式中：

T_d——工序单件时间；

117

T_f ——辅助作业时间；
T_j——基本作业时间；
T_{zj}——准备与结束时间。

4.3 齿轮铣齿加工时间定额制定方法

4.3.1 辅助作业时间定额制定方法

辅助作业时间定额制定方法计算公式见表 1。

表 1

装卸方式	时间定额制定方法计算公式
螺杆液压拉紧	T_f=2.1×$10^{-4}$$D_a h$+0.70
压盖螺母压紧	T_f=1.7×$10^{-4}$$D_a h$+0.60
注 1：辅助作业时间包括单件装卸、测量、调整设备工作参数所消耗的时间。 注 2：零件质量 G 大于 20 kg 时用机装，另增时间 5 Mm。	

4.3.2 基本作业时间定额制定方法

基本作业时间定额制定方法计算公式见表 2。

表 2

加工内容	Ra 值	M_n 值 mm	时间定额制定方法计算公式
粗铣齿	6.3	3 ≤ M_n ≤ 7	T_j=（0.0100M_n^2+0.0750M_n+0.203）×z×K_i+2.5
		7 < M_n ≤ 10	T_j=（0.0107M_n^2+0.0750M_n+0.548）×z×K_i+2.5
		10 < M_n ≤ 15	T_j=（0.0147M_n^2+0.0803M_n−0.368）×z×K_i+3
粗精铣齿	3.2	3 ≤ M_n ≤ 7	T_j=（0.03098M_n^2+0.1296M_n+0.4015）×z×K_i+4
		7 < M_n ≤ 10	T_j=（0.02916M_n^2+0.1398M_n+0.8978）×z×K_i+4.5
		10 < M_n ≤ 15	T_j=（0.04052M_n^2−0.0821M_n+0.9075）×z×K_i+4.5
精铣齿	3.2	3 ≤ M_n ≤ 7	T_j=（0.0298M_n^2+0.0950M_n+0.159）×z×K_i+2.5
		7 < M_n ≤ 10	T_j=（0.01816M_n^2+0.115M_n+0.656）×z×K_i+3.5
		10 < M_n ≤ 15	T_j=（0.03264M_n^2−0.07091M_n+0.318）×z×K_i+4.5
注 1：基本作业时间是指由设备自行完成的机动时间。 注 2：标准时间使用系数 K_i 是由各系数的乘积构成，即 K_i=K_1×K_2×K_3。			

4.4 准备与结束时间

准备与结束时间见表 3。

表 3

单位为工分

选用内容	项目	准备与结束时间
固定部分	清点材料、借还图纸和工量具、机床调整、首件检查等	120
附加部分	更换刀具	10
	刀盘校正	60
	装卸芯轴	10
	装卸工装	14
	更换切削液	15
	差动挂轮调整	10
	配接触区	130
注：准备与结束时间定额制定方法计算公式为 $T_{zj}=(T_{zjf}+T_{zjg})/N_p$。		

4.5 标准时间使用系数

4.5.1 材质系数（K_1）

材质系数（K_1）的选用应符合表 4 的规定。

表 4

材质	铸铁、铜	40Cr、45 钢	调质钢、合金钢
K_1	0.80	1.00	1.20

4.5.2 设备系数（K_2）

设备系数（K_2）的选用应符合表 5 的规定。

表 5

设备名称	Y225 铣齿机	Y2280 铣齿机
K_2	0.95	1.00

4.5.3 加工方法系数（K_3）

加工方法系数（K_3）的选用应符合表 6 的规定。

表 6

加工方法		精铣齿	粗精铣齿
K_3	单号单面法系数	1.00	1.00
	单号双面法系数	0.55	0.75

附　录　A
（资料性附录）
时间定额制定的方法

A.1　时间定额制定方法

时间定额制定方法见图 A.1。

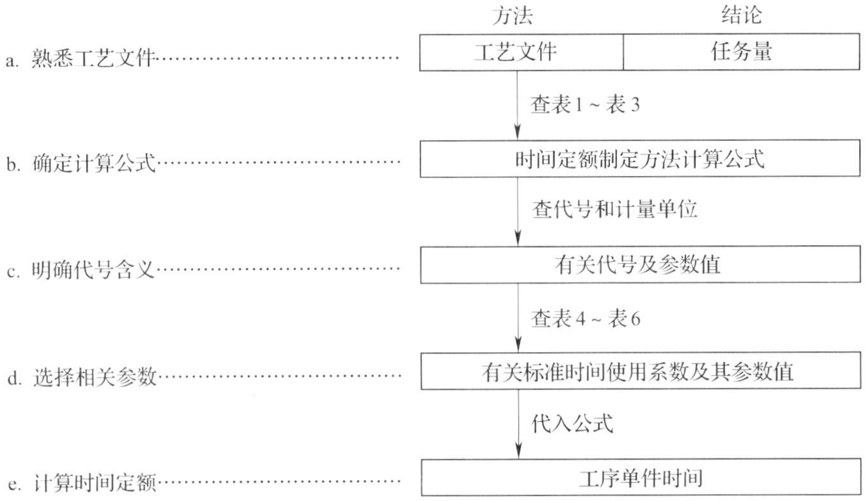

图 A.1

A.2　应用举例

使用 Y2280 铣齿机加工一批螺旋锥齿轮，求单件加工时间定额（见表 A.1）。

已知条件：

- 齿轮分度圆端面模数 13 mm
- 齿轮齿数 41 个
- 齿轮顶圆最大直径 540 mm
- 齿轮高度 145 mm
- 齿轮质量 130 kg
- 装夹方法为压盖螺母压紧
- 材质 20CrMnMoA（合金钢）
- 批量 20 件
- 粗精铣成，表面粗糙度 *Ra*3.2
- 精铣工步采用单号单面法加工

表 A.1

工艺路线	技术要求	时间定额制定方法计算公式	时间定额 Mm
压紧	G=130 kg，D_a=540 mm，h=145 mm	$T_f=1.7\times10^{-4}D_a h+0.60+5$	18.91
粗精铣齿	M_n=13 mm，z=41 个，K_1=1.20，K_2=1.00，K_3=1.00	$T_j=(0.04052M_n^2-0.0821M_n+0.9075)\times z\times K_1+4.5$	333.55
准备与结束时间	T_{zjf}=249 Mm，T_{zjg}=120 Mm，N_p=20 件	$T_{zj}=(T_{zjf}+T_{zjg})/N_p$	18.45
工序单件时间	—	$T_d=T_f+T_j+T_{zj}$	370.91

ICS 03.100.30
A 02
备案号：71046—2020

LD

中华人民共和国劳动和劳动安全行业标准

LD/T 71.23—2019
代替 LD/T 71.23—2000

轨道交通装备制造业劳动定额 专用齿轮插齿加工

The work quota for the manufacturing industry of rail transit equipment special gear shaping

2019-01-22 发布

2019-02-01 实施

中华人民共和国人力资源和社会保障部　　发 布

目　次

前　言

本标准按 GB/T 1.1—2009《标准化工作导则　第1部分：标准的结构和编写》给出的规则起草。

本标准代替 LD/T 71.23—2000《铁路工业制齿工劳动定额制定　第二部分：插齿劳动定额制定》。因行业名称的规范和工艺技术条件的进步、工艺技术水平的提升，将《铁路工业制齿工劳动定额制定　第二部分：插齿劳动定额制定》修改为《轨道交通装备制造业劳动定额　专用齿轮插齿加工》方法标准。

与 LD/T 71.23—2000 相比，除编辑性修改外，主要技术变化如下：

——修改了范围（见第1章，2000年版的第1章）；

——修改了“引用标准”为“规范性引用文件”（见第2章，2000年版的第2章）；

——修改了代号 T_{dd} 为 T_{dh}、T_{zx} 为 T_f（见第3章、第4章，2000年版的第3章）；

——删除了代号 D_a、h、b（见2000年版的第3章）；

——增加了代号 N_p、K_{cy}、K_c、K_d、K_g、K_i、K_j、K_s、n（见第3章）；

——修改了“插齿机床加工时间定额的制定”为“专用齿轮插齿加工时间定额”（见第4章，2000年版的第4章）；

——增加了“齿轮插齿加工工作内容”（见4.1）；

——增加了“齿轮插齿加工工序单件时间定额的构成”（见4.2）；

——删除了“装卸时间定额的制定公式”“插齿时间定额的制定公式”（见2000年版的4.2、4.3）；

——增加了“辅助作业时间定额制定方法”计算公式和“基本作业时间定额制定方法”计算公式（见4.3.2、4.3.3）；

——删除了标准时间使用系数“齿宽系数”“齿形工艺系数”“材质系数”“设备系数”（见2000年版的5.1、5.2）；

——增加了标准时间使用系数“作业宽放时间占作业时间的百分比”“休息需要与休息宽放时间占作业时间的百分比”“精度系数”“表面粗糙度系数”“工件材料硬度系数”“工件结构刚性系数”“刀具系数”“设备系数”（见4.4）；

——增加了“辅助作业时间定额制定方法”计算公式和“基本作业时间定额制定方法”计算公式（见4.3.2、4.3.3）；

——修改了附录“提示的附录”为“资料性附录”（见附录A，2000年版的附录A）；

——修改了附录A（见附录A，2000年版的附录A）。

本标准由中华人民共和国人力资源和社会保障部提出。

本标准由全国劳动定额定员标准化技术委员会（SAC/TC 131）归口。

本标准起草单位：中国中车股份有限公司。

本标准主要起草人：李敬、秦兆俊、吴刚、王森、毛忠军。

本标准历次版本发布情况为：LD/T 71.23—2000。

轨道交通装备制造业劳动定额　专用齿轮插齿加工

1　范围

本标准规定了轨道交通装备制造业专用齿轮插齿加工劳动定额的制定方法。

本标准适用于轨道交通装备制造业专用齿轮插齿加工劳动定额的制定与管理。

2　规范性引用文件

下列文件对于本文件的应用是必不可少的。凡是注日期的引用文件，仅所注日期的版本适用于本文件。凡是不注日期的引用文件，其最新版本（包括所有的修改单）适用于本文件。

GB/T 14002　劳动定员定额术语

GB/T 14163　工时消耗分类、代号和标准工时构成

LD/T 122　劳动定员定额标准的结构和编写规则

3　代号和计量单位

下列代号和计量单位适用于本文件。

G——工件质量，单位为千克（kg）；

K_{cy}——工件材料硬度系数；

K_c——表面粗糙度系数；

K_d——刀具系数；

K_g——工件结构刚性系数；

K_i——标准时间使用系数；

K_j——精度系数；

K_s——设备系数；

M_n——被加工齿轮的法向模数，单位为毫米（mm）；

N_p——加工批量，单位为件；

n——工序中包含的工步数，单位为个；

T_{dh}——工序单件核算时间，单位为工分（Mm）；

T_{zjj}——单件准备与结束时间，单位为工分（Mm）；

z——工件齿数，单位为个。

4　专用齿轮插齿加工时间定额

4.1　齿轮插齿加工工作内容

齿轮插齿加工是指用插齿刀按展成法加工内、外齿轮或齿条等的工艺过程，包括工件加工前的工艺、技术、设备、工夹量具和刀具的准备，工装、刀具的安装，工件装夹、找正，根据工艺要求进行的切削加工与测量，工件加工完成后的卸下，全部产品加工完成后的工作场地整理、清扫，借用刀具、工具、工装的

归还，填写工作卡片等。

4.2 齿轮插齿加工工序单件时间定额的构成

4.2.1 工序单件核算时间的计算

工序单件核算时间的计算基本公式：

$$T_{dh}=T_d+T_{zj}/N_p$$

式中：

T_d——工序单件时间；

T_{zj}——准备与结束时间；

N_p——加工批量。

4.2.2 工序单件时间的计算

工序单件时间由工序作业时间以及应该分摊的作业宽放时间和个人需要与休息宽放时间组成。其计算公式：

$$T_d=T_z+T_{zk}+T_{gxk}=T_z(1+K_{zk}+K_{gxk})$$

式中：

T_z——工序作业时间；

T_{zk}——作业宽放时间；

K_{zk}——作业宽放时间占作业时间的百分比；

T_{gxk}——个人需要与休息宽放时间；

K_{gxk}——个人需要与休息宽放时间占作业时间的百分比。

4.2.3 工序作业时间的计算

工序作业时间计算公式：

$$T_z=T_j+T_f$$

式中：

T_z——工序作业时间；

T_j——基本作业时间；

T_f——辅助作业时间。

4.3 齿轮插齿加工时间定额制定方法

4.3.1 准备与结束时间

准备与结束时间见表1。

表1

单位为工分

项目	工作内容	数控	普通
固定项目	准备工夹量具，点收零件、检查坯件，设备、场地的清扫	160	160
可选项目	机床调试，设备附件安装、调整	—	60
	加工程序的编制	30	—
注：固定项目包括熟悉图纸及工艺、程序文件，首件自检或专检，工夹量具的借还。			

4.3.2 辅助作业时间定额制定方法

辅助作业时间定额制定方法计算公式见表2。

表 2

序号	装夹方式示意图	装夹方法	时间定额制定方法计算公式
1	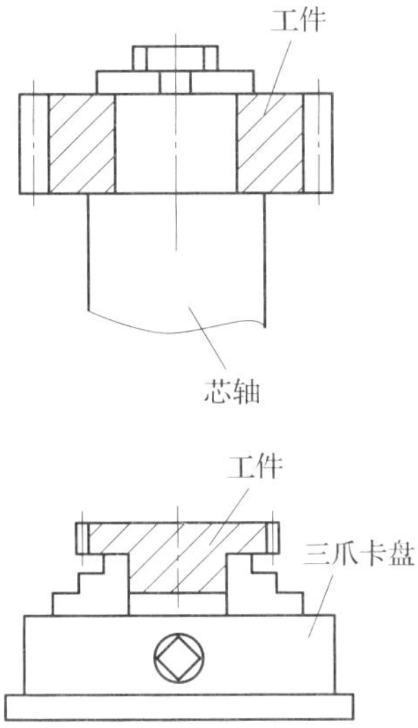	在不需要找正的专用工装（芯轴、三爪卡盘）上装夹	$T_f=0.4938G+6.3704$
2	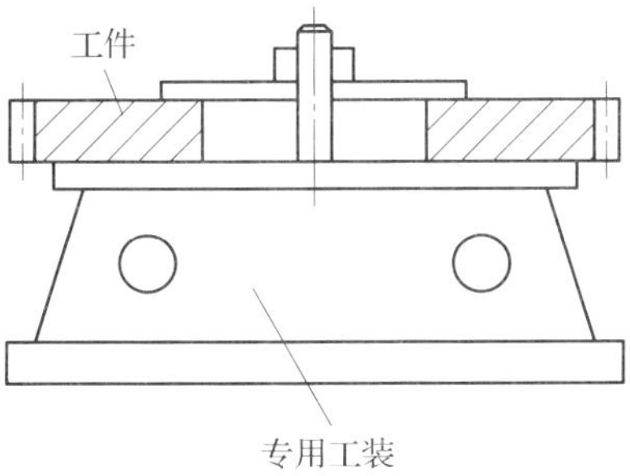	在需要找正的专用工装上装夹	$T_f=0.0358G+18.152$
3	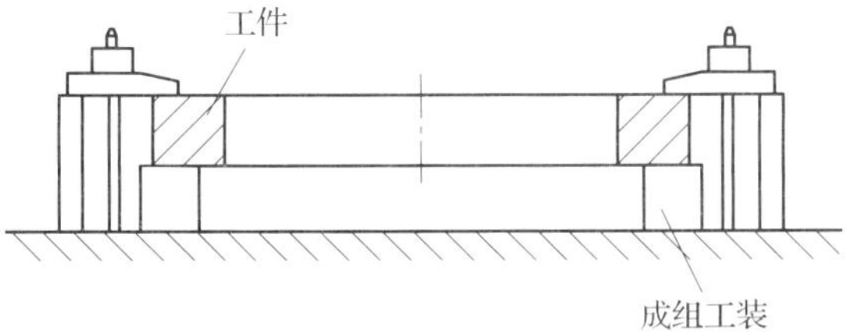	在需要找正的通用成组工装上装夹	$T_f=0.0083G+30.614$

4.3.3　基本作业时间定额制定方法

基本作业时间定额制定方法计算公式见表 3。

表 3

工步（工序）加工内容	图示	时间定额制定方法计算公式
插齿	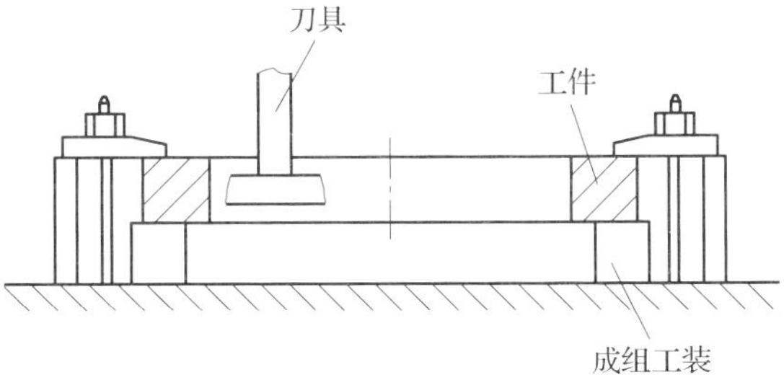	$T_j=0.2156(z\times M_n^2)K_i+53.192$
注 1：此公式适用于 $M_n \leq 16$ mm，单人、单机操作，设备回转直径≤ 2500 mm 齿轮的加工。 注 2：标准时间使用系数 K_i 是由各选用系数的乘积构成，即 $K_i=K_j\times K_c\times K_{cy}\times K_g\times K_d\times K_s$。		

4.4 标准时间使用系数

4.4.1 作业宽放时间占作业时间的百分比（K_{zk}）

作业宽放时间占作业时间的百分比（K_{zk}）的选用应符合表 4 的规定。

表 4

作业宽放时间占作业时间的百分比（K_{zk}）	9.5%
注：此系数适用于 $M_n \leq 16$ mm，单人、单机操作，设备回转直径≤ 2500 mm 齿轮的加工。	

4.4.2 个人需要与休息宽放时间占作业时间的百分比（K_{gxk}）

个人需要与休息宽放时间占作业时间的百分比（K_{gxk}）的选用应符合表 5 的规定。

表 5

个人需要与休息宽放时间占作业时间的百分比（K_{gxk}）	5.4%
注：此系数适用于 $M_n \leq 16$ mm，单人、单机操作，设备回转直径≤ 2500 mm 齿轮的加工。	

4.4.3 精度系数（K_j）

精度系数（K_j）的选用应符合表 6 的规定。

表 6

精度等级	9	8	7	6
K_j	1.00	1.02	1.05	1.10

4.4.4 表面粗糙度系数（K_c）

表面粗糙度系数（K_c）的选用应符合表 7 的规定。

表 7

粗糙度	*Ra*3.2	*Ra*1.6
K_c	1.00	1.20

4.4.5 工件材料硬度系数（K_{cy}）

工件材料硬度系数（K_{cy}）的选用应符合表 8 的规定。

表 8

工件材质	碳素结构钢	合金结构钢
硬度（HBW）	220 ～ 260	260 ～ 360
K_{cy}	0.90 ～ 1.00	1.00 ～ 1.50

4.4.6 工件结构刚性系数（K_g）

工件结构刚性系数（K_g）的选用应符合表 9 的规定。

表 9

工件结构刚性	好	不好
K_g	1.00	1.10 ～ 3.50
注：在轴向截面内工件的截面形状为矩形且齿宽上端面到定位支撑面距离小于 1.2 倍齿宽时，判定工件结构刚性好。		

4.4.7　**刀具系数（K_d）**

刀具系数（K_d）的选用应符合表10的规定。

表10

刀具材质	涂层刀具	非涂层刀具
K_d	0.95	1.00

4.4.8　**设备系数（K_s）**

设备系数（K_s）的选用应符合表11的规定。

表11

设备最大回转直径	小于630 mm	630 mm～1600 mm	大于1600 mm
K_s	1.05	1.02	1.00

附　录　A
（资料性附录）
时间定额制定的方法

A.1　时间定额制定方法

时间定额制定方法见图 A.1。

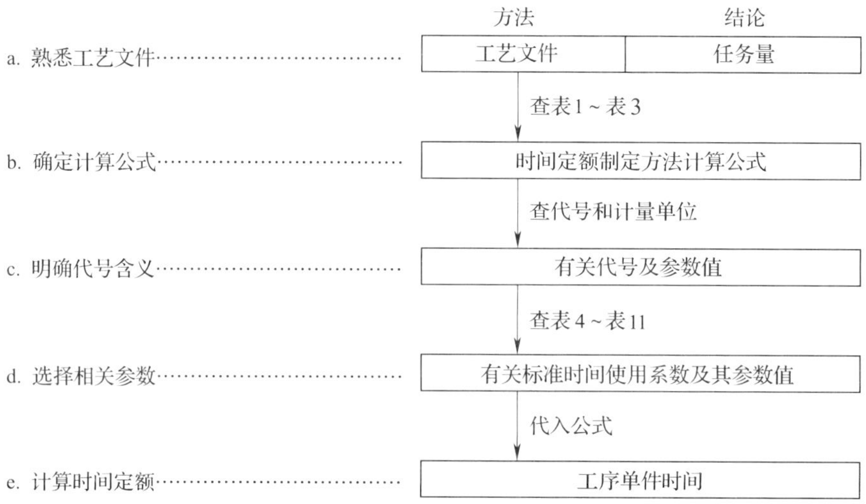

图 A.1

A.2　应用举例

使用 YKL51160（武汉格威机械有限责任公司制造）数控插齿机加工一批齿轮，按插齿加工劳动定额标准计算工序单件核算时间（见表 A.1）。

已知条件：

- 齿轮模数 5 mm、内齿
- 齿轮齿数 34 个
- 齿轮宽度 140 mm
- 齿轮最大外径 644.34 mm
- 齿轮高度 361 mm
- 齿轮螺旋角：0°
- 齿轮质量 350.3 kg
- 装夹方法：需要找正的组合式工装
- 材质 18CrMnMo7-6（硬度：280 ～ 320HBW）
- 7 级精度
- 表面粗糙度 Ra1.6
- 刀具为涂层插齿刀
- 工件结构刚性好
- 批量 10 件

表 A.1

工序（项目）名称		计算参数	时间定额制定方法计算公式	时间定额 Mm
准备与结束时间	固定项目时间	查表 1		160
	可选项目时间	加工程序的编制（设备型号 YKL51160）		30
	合计	T_{zj}		190
单件准备与结束时间		N_p=10 件	$T_{zjj}=T_{zj}/N_p$	19

表 A.1（续）

工序（项目）名称	计算参数	时间定额制定方法 计算公式	时间定额 Mm
辅助作业时间	G=350.3 kg 装夹方法：需要找正的组合式工装	$T_f=0.0083G+30.614$	33.52
基本作业时间	z=34 个，$M_n=5$，$K_j=1.05$，$K_c=1.2$， $K_{cy}=1.1$，$K_g=1$，$K_d=0.95$，$K_s=1$	$T_j=0.2156(z\times M_n^2)K_i+53.192$	294.5
工序作业时间		$T_z=T_j+T_f$	328.02
工序单件时间	$K_{zk}=9.5\%$，$K_{gxk}=5.4\%$	$T_d=T_z+T_{zk}+T_{gxk}=T_z(1+K_{zk}+K_{gxk})$	376.89
工序单件时间	T_d=376.89 Mm，T_{zjj}=19 Mm	$T_{dh}=T_d+T_{zjj}$	395.89

ICS 03.100.30
A 02
备案号:71047—2020

LD

中华人民共和国劳动和劳动安全行业标准

LD/T 71.24—2019
代替 LD/T 71.24—2000

轨道交通装备制造业劳动定额 专用齿轮滚齿加工

The work quota for the manufacturing industry of rail transit equipment special gear hobbing

2019-01-22 发布 2019-02-01 实施

中华人民共和国人力资源和社会保障部 发布

目　次

前　言

本标准按GB/T 1.1—2009《标准化工作导则　第1部分：标准的结构和编写》给出的规则起草。

本标准代替LD/T 71.24—2000《铁路工业制齿工劳动定额制定　第三部分：滚齿劳动定额制定》。因行业名称的规范和工艺技术条件的进步、工艺技术水平的提升，将《铁路工业制齿工劳动定额制定　第三部分：滚齿劳动定额制定》修改为《轨道交通装备制造业劳动定额　专用齿轮滚齿加工》方法标准。

与LD/T 71.24—2000相比，除编辑性修改外，主要技术变化如下：

——修改了范围（见第1章，2000年版的第1章）；

——修改了"引用标准"为"规范性引用文件"（见第2章，2000年版的第2章）；

——删除了代号G（见2000年版的第3章）；

——增加了代号N（见第3章）；

——修改了"滚齿机床加工时间定额的制定"为"专用齿轮滚齿加工时间定额"（见第4章，2000年版的第4章）；

——增加了"齿轮滚齿加工工作内容"（见4.1）；

——增加了"齿轮滚齿加工工序单件时间定额的构成"（见4.2）；

——修改了表中表头"时间定额计算公式"为"时间定额制定方法计算公式"（见表1、表2，2000年版的表2、表3）；

——修改了时间定额制定方法计算公式（见4.3.1、4.3.2、4.4，2000年版的4.1、4.2、4.3）；

——修改了标准时间使用系数"头数系数"为"滚刀头数系数"（见4.5.3，2000年版的5.3）；

——增加了标准时间使用系数"滚刀类型系数"（见4.5.4）；

——修改了图表"装卸时间定额的制定"为"齿轮滚齿加工装卸时间定额制定方法"、"滚齿时间定额的制定"为"齿轮滚齿加工时间定额制定方法"（见4.3.1、4.3.2，2000年版的4.1、4.2）；

——增加了图表"机床倒角时间定额制定方法""径向进给加工蜗轮时间定额制定方法""应用举例"（见4.3.3、4.3.4、表A.2、图A.2、图A.3）；

——修改了附录"提示的附录"为"资料性附录"（见附录A，2000年版的附录A）；

——修改了附录A（见附录A，2000年版的附录A）。

本标准由中华人民共和国人力资源和社会保障部提出。

本标准由全国劳动定额定员标准化技术委员会(SAC/TC 131)归口。

本标准起草单位：中国中车股份有限公司。

本标准主要起草人：王鑫、闫萍、马秋颖、谭建忠、樊亮。

本标准历次版本发布情况为：LD/T 71.24—2000。

轨道交通装备制造业劳动定额　专用齿轮滚齿加工

1　范围

本标准规定了轨道交通装备制造业专用齿轮滚齿加工劳动定额的制定方法。

本标准适用于轨道交通装备制造业专用齿轮滚齿加工劳动定额的制定与管理。

2　规范性引用文件

下列文件对于本文件的应用是必不可少的。凡是注日期的引用文件，仅所注日期的版本适用于本文件。凡是不注日期的引用文件，其最新版本（包括所有的修改单）适用于本文件。

GB/T 14002　劳动定员定额术语

GB/T 14163　工时消耗分类、代号和标准工时构成

LD/T 122　劳动定员定额标准的结构和编写规则

3　代号和计量单位

下列代号和计量单位适用于本文件。

b——齿宽，被加工齿轮的齿部宽度，单位为毫米（mm）；

D_a——齿顶圆直径，被加工齿轮的齿部顶圆直径，单位为毫米（mm）；

D_j——直径，机床加工最大齿轮的齿部顶圆直径，单位为毫米（mm）；

h——被加工齿轮的整体高度，单位为毫米（mm）；

K_i——标准时间使用系数；

M_n——模数，被加工齿轮的法向模数，单位为毫米（mm）；

N——走刀次数，滚齿加工完成所需的走刀次数总和，单位为次；

T_{bd}——不完全单件时间，不包括装卸时间的作业时间以及应分摊的作业宽放时间和个人需要与休息宽放时间之和，单位为工分（Mm）；

T_{zx}——装卸时间，单件装卸所消耗的时间，单位为工分（Mm）；

T_{zjj}——单件准备与结束时间，摊入单件的准备与结束时间，单位为工分（Mm）；

T_{zjg}——准备与结束时间（固定部分），每批加工必须给出的准备与结束时间消耗，单位为工分（Mm）；

T_{zjf}——准备与结束时间（附加部分），每加工一批工件可能发生的准备与结束时间消耗，单位为工分（Mm）；

z——齿数，被加工齿轮的齿的个数；

β——螺旋角，被加工齿轮的轮齿倾斜角度，单位为度（°）。

4　专用齿轮滚齿加工时间定额

4.1　齿轮滚齿加工工作内容

齿轮滚齿加工是指在机床上对工件表面进行滚切成型的工艺过程，包括工件加工前的工艺、技术、

设备、工夹量具和刀具的准备，工件装夹、找正，刀具、工装的安装，根据工艺要求进行的工件表面滚切加工、测量，工件加工完成后的拆卸，全部产品加工完成后的工作场地整理、清扫，借用刀具、工具等的归还。

4.2 齿轮滚齿加工工序单件时间定额的构成

$$T_d = T_z + T_{zk} + T_{gxk}$$
$$= T_{zx} + T_{bd} + T_{zjj}$$

式中：

T_d——工序单件时间；

T_z——作业时间，包含辅助时间；

T_{zk}——作业宽放时间；

T_{gxk}——个人需要与休息宽放时间。

4.3 齿轮滚齿加工时间定额制定方法

4.3.1 齿轮滚齿加工装卸时间定额制定方法

齿轮滚齿加工装卸时间定额制定方法计算公式见表 1。

表 1

序号	范围 mm	装夹方式示意图	装夹方法	时间定额制定方法计算公式
1		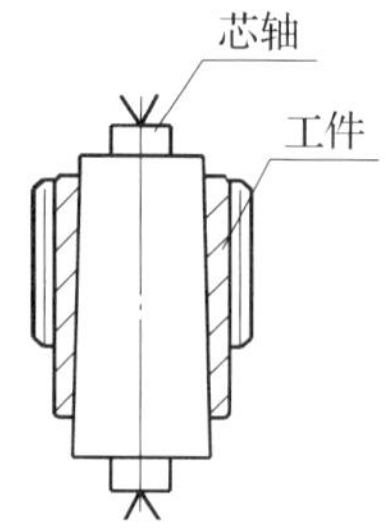	芯轴装夹	$T_{zx}=1.27\times10^{-4}D_a h+1.63$
2	$D_j < 1000$	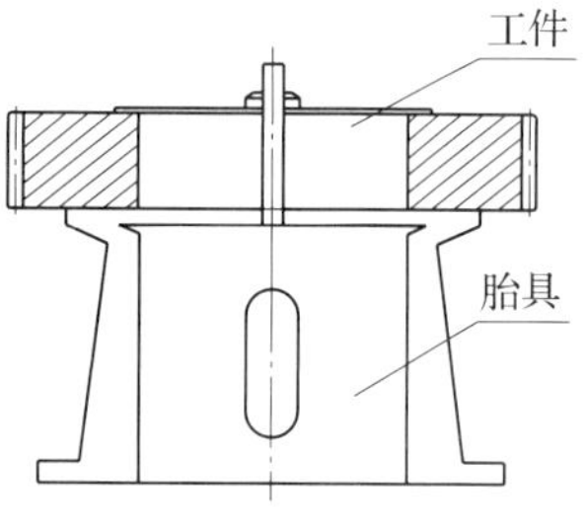	胎具装夹	$T_{zx}=1.45\times10^{-4}D_a h+2.05$
3		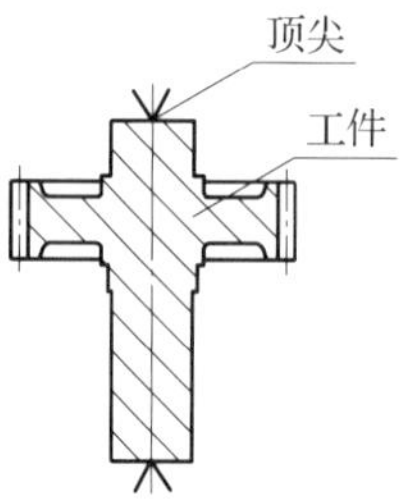	顶尖装夹	$T_{zx}=1.35\times10^{-4}D_a h+1.80$

表 1（续）

序号	范围 mm	装夹方式示意图	装夹方法	时间定额制定方法计算公式
4	$D_j \geqslant 1000$	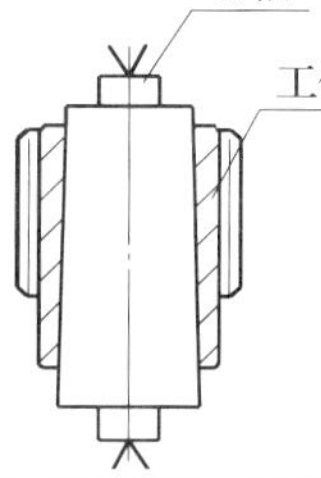	芯轴装夹	$T_{zx}=1.31\times10^{-4}D_ah+1.84$
5		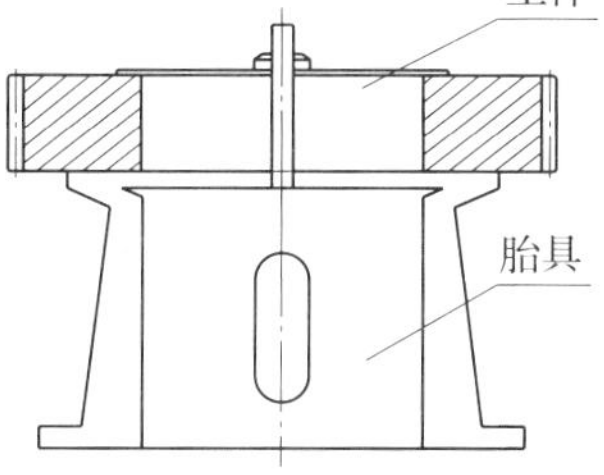	胎具装夹	$T_{zx}=1.57\times10^{-4}D_ah+2.15$
6		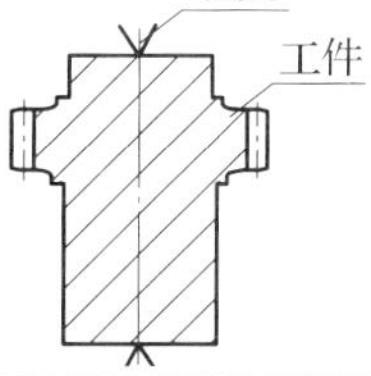	顶尖装夹	$T_{zx}=1.47\times10^{-4}D_ah+1.96$

4.3.2　齿轮滚齿加工时间定额制定方法

齿轮滚齿加工时间定额制定方法计算公式见表 2。

表 2

序号	模数范围 mm	加工示意图	齿面 粗糙度	时间定额制定方法计算公式
1	$M_n \leqslant 8$	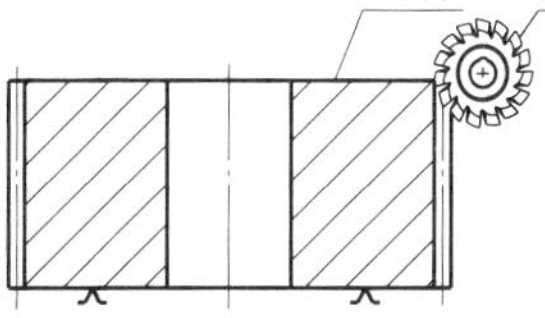	Ra6.3	$T_{bd}=[(1.527\times10^{-3}M_n+7.92\times10^{-3})b+0.1266M_n-0.0314]zNK_i+6.5$
2			Ra3.2	$T_{bd}=[(1.896\times10^{-3}M_n+9.84\times10^{-3})b+0.1572M_n-0.0394]zNK_i+6.5$
3			Ra1.6	$T_{bd}=[(2.265\times10^{-3}M_n+0.0118)b+0.1878M_n-0.0474]zNK_i+6.5$
4	$M_n>8$		Ra6.3	$T_{bd}=[(1.961\times10^{-3}M_n+0.0131)b+0.513M_n-3.739]zNK_i+6.5$
5			Ra3.2	$T_{bd}=[(2.280\times10^{-3}M_n+0.0115)b+0.5964M_n-4.345]zNK_i+6.5$
6			Ra1.6	$T_{bd}=[(2.598\times10^{-3}M_n+0.0173)b+0.6797M_n-4.954]zNK_i+6.5$
注：标准时间使用系数 K_i 是由各系数的乘积构成，即 $K_i=K_1\times K_2\times K_3\times K_4$。				

4.3.3 机床倒角时间定额制定方法

机床倒角时间定额制定方法计算公式见表 3。

表 3

工序名称	时间定额制定方法计算公式
机床倒角	$T_{bd}=0.0289M_{n}zK_{i}+8.568$

4.3.4 径向进给加工蜗轮时间定额制定方法

径向进给加工蜗轮时间定额制定方法计算公式见表 4。

表 4

工序名称	时间定额制定方法计算公式
径向进给加工蜗轮	$T_{bd}=(0.049M_{n}+0.013)M_{n}zK_{i}+7.684$

4.4 准备与结束时间

4.4.1 固定部分时间

准备与结束时间（固定部分）的选用应符合表 5 的规定。

表 5

齿轮直径 mm	按复杂程度确定的准备与结束时间（固定部分） Mm					
	Ⅰ	Ⅱ	Ⅲ	Ⅳ	Ⅴ	Ⅵ
$D_j<500$	30	35	30	50	55	30
$500\leqslant D_j<1250$	40	45	40	65	70	40
$D_j\geqslant 1250$	60	70	60	80	85	60

注 1：Ⅰ指无级调速的滚齿机床；Ⅱ指普通滚齿机床；Ⅲ指数控滚齿机床；Ⅳ指无级调速的滚齿机床加工斜齿轮；Ⅴ指普通滚齿机床加工斜齿轮；Ⅵ指数控滚齿机床加工斜齿轮。

注 2：工作内容包括接受任务、清点材料、借还图纸和工夹量具、机床调整（含数控机床程序输入）、工装调整、首件检查、机床清理。

4.4.2 附加部分时间

准备与结束时间（附加部分）的选用应符合表 6 的规定。

表 6

工作内容		齿轮直径	
		$D_j < 1000$ mm	$D_j \geqslant 1000$ mm
准备与结束时间（附加部分）Mm	滚齿刀架调整	15	20
	更换差齿挂轮	15	15
	更换分齿挂轮	15	15
	更换刀具	10	12
	添加冷却液	15	20
	装卸顶尖	15	15
	调顶尖高度	12	12

4.5　标准时间使用系数

4.5.1　斜齿系数（K_1）

斜齿系数（K_1）的选用应符合表 7 的规定。

表 7

β 角与滚刀螺旋角方向		螺旋角角度			
		0°	15°	30°	45°
K_1	β 角与滚刀螺旋角同向	1.00	1.10	1.20	1.35
	β 角与滚刀螺旋角反向	1.00	1.25	1.35	1.50

4.5.2　材质系数（K_2）

材质系数（K_2）的选用应符合表 8 的规定。

表 8

材质	胶木	铸铁、铜	低碳合金钢、碳钢	中碳合金钢、调质钢
K_2	1.00	0.75	0.65	0.50

4.5.3　滚刀头数系数（K_3）

滚刀头数系数（K_3）的选用应符合表 9 的规定。

表 9

滚刀头数	1 头	2 头	3 头	4 头
K_3	1.00	0.75	0.65	0.50

4.5.4 滚刀类型系数(K_4)

滚刀类型系数(K_4)的选用应符合表 10 的规定。

表 10

滚刀类型	普通高速钢	高钴高速钢	加强型(粉末冶金)
K_4	1.00	0.65	0.25

附录 A
（资料性附录）
时间定额制定的方法

A.1 时间定额制定方法

时间定额制定方法见图 A.1。

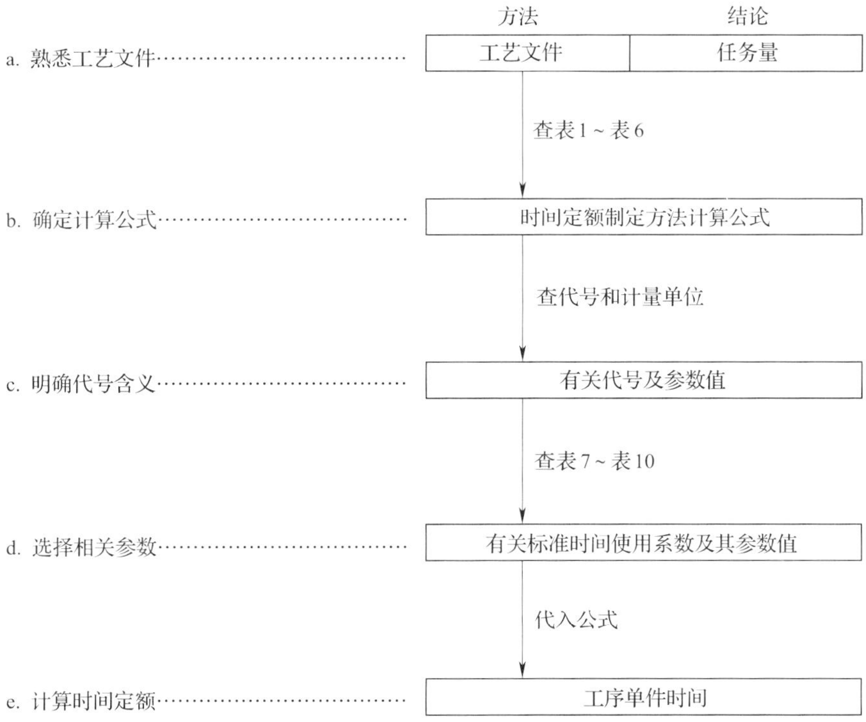

图 A.1

A.2 应用举例

A.2.1 用普通滚齿机（型号 Y31200E），采用高速钢滚刀加工一批齿轮（见图 A.2），求工序单件时间（见表 A.1）。

已知条件：

- 齿轮模数 12 mm
- 齿轮齿数 63 个
- 齿轮齿宽 140 mm
- 齿轮高度 180 mm
- 齿轮顶圆直径 781 mm
- 齿轮螺旋角 0°
- 批量 20 件
- 装夹方法为滚齿胎具装夹
- 材质 42CrMoA
- 加工表面粗糙度 *Ra*6.3

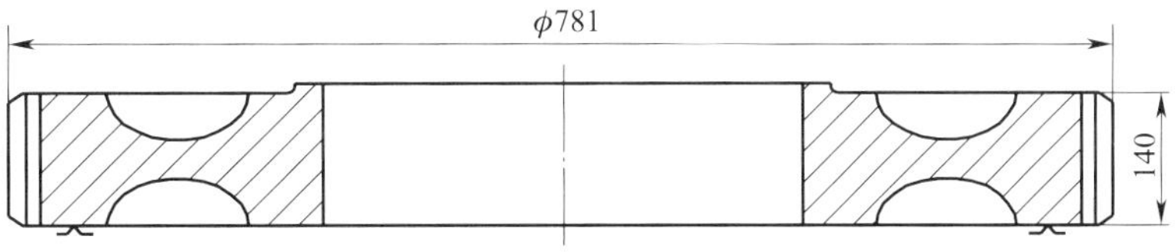

图 A.2

表 A.1

工序名称	技术要求	时间定额制定方法计算公式	时间定额 Mm
装卸	D_a=781 mm，h=180 mm	$T_{zx}=1.45\times10^{-4}D_ah+2.05$	22.43
滚齿	M_n=12 mm，z=63 个，b=140 mm K_1=1，K_2=1.2，K_3=1，K_4=1，N=1 次	$T_{bd}=[(1.961\times10^{-3}M_n+0.0131)$ $b+0.513M_n-3.739]zNK_i+6.5$	576.94
准备与结束时间	T_{zjg}=45 Mm，T_{zjf}=70 Mm，N_p=20 件	$T_{zjj}=(T_{zjg}+T_{zjf})/N_p$	5.75
工序单件时间		$T_d=T_{zx}+T_{bd}+T_{zjj}$	605.12

A.2.2 用数控滚齿机（格里森普法特 P1600），采用强力滚刀加工一批齿轮（见图 A.3），求工序单件时间（见表 A.2）。已知条件：

- 齿轮模数 8 mm
- 齿轮齿数 120 个
- 齿轮齿宽 136 mm
- 齿轮高度 283 mm
- 齿轮顶圆直径 978.2 mm
- 齿轮螺旋角 0°
- 批量 20 件
- 装夹方法为滚齿胎具装夹
- 材质 18CrNiMo7-6
- 加工表面粗糙度 Ra3.2

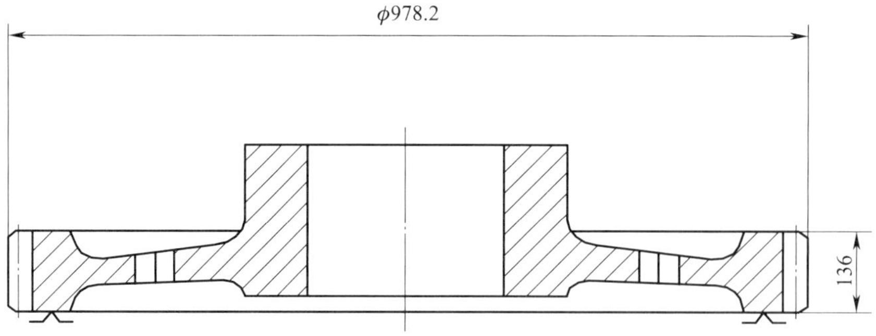

图 A.3

表 A.2

工序名称	技术要求	时间定额制定方法计算公式	时间定额 Mm
装卸	D_a=978.2 mm，h=283 mm	$T_{zx}=1.45\times10^{-4}D_ah+2.05$	42.19

表 A.2（续）

工序名称	技术要求	时间定额制定方法计算公式	时间定额 Mm
滚齿	M_n=8 mm，z=120 个，b=136 mm，K_1=1，K_2=1，K_3=1，K_4=0.25，N=2 次	$T_{bd}=[(1.896\times10^{-3}M_n+9.84\times10^{-3})b+0.1572M_n-0.0394]zNK_i+6.5$	283.66
准备与结束时间	T_{zjg}=40 Mm，T_{zjf}=25 Mm，N_p=20 件	$T_{zjj}=(T_{zjg}+T_{zjf})/N_p$	3.25
工序单件时间		$T_d=T_{zx}+T_{bd}+T_{zjj}$	329.1

ICS 03.100.30
A 02
备案号：71048—2020

LD

中华人民共和国劳动和劳动安全行业标准

LD/T 71.25—2019
代替 LD/T 71.25—2000

轨道交通装备制造业劳动定额 专用齿轮磨齿加工

The work quota for the manufacturing industry of rail transit equipment special gear grinding

2019-01-22 发布　　2019-02-01 实施

中华人民共和国人力资源和社会保障部　发布

目　次

前　言

本标准按GB/T 1.1—2009《标准化工作导则　第1部分：标准的结构和编写》给出的规则起草。

本标准代替LD/T 71.25—2000《铁路工业制齿工劳动定额制定　第四部分：磨齿劳动定额制定》。因行业名称的规范和工艺技术条件的进步、工艺技术水平的提升，将《铁路工业制齿工劳动定额制定　第四部分：磨齿劳动定额制定》修改为《轨道交通装备制造业劳动定额　专用齿轮磨齿加工》方法标准。

与LD/T 71.25—2000相比，除编辑性修改外，主要技术变化如下：

——修改了“范围”（见第1章，2000年版的第1章）；

——修改了“引用标准”为“规范性引用文件”（见第2章，2000年版的第2章）；

——增加了代号T_{zxzz}（见第3章）；

——修改了“磨齿机床加工时间定额的制定”为“专用齿轮磨齿加工时间定额”（见第4章，2000年版的第4章）；

——增加了“齿轮磨齿加工工作内容”（见4.1）；

——增加了“齿轮磨齿加工工序单件时间定额的构成”（见4.2）；

——修改了表中表头“时间定额计算公式”为“时间定额制定方法计算公式”（见表1、表2、表3，2000年版的表2、表3）；

——增加了装卸示意图（见表1）；

——删除了标题与表头之间的条文（见2000年版的4.1、4.2、4.3.1、4.3.2、5.1、5.2、5.3、5.4）；

——增加了“数控加工装卸找正时间定额制定方法”（见4.3.2）；

——增加了“齿轮磨齿时间定额制定方法”（见4.3.3）；

——修改了附录“提示的附录”为“资料性附录”（见附录A，2000年版的附录A）；

——修改了附录A的图A.1、表A.1“时间定额计算公式”为“时间定额制定方法计算公式”（见附录A的图A.1、表A.1，2000年版的图A1、表A1）。

本标准由中华人民共和国人力资源和社会保障部提出。

本标准由全国劳动定额定员标准化技术委员会（SAC/TC 131）归口。

本标准起草单位：中国中车股份有限公司。

本标准主要起草人：付强、樊亮、张齐洋、孙景屹、王福强、崔佤。

本标准历次版本发布情况为：LD/T 71.25—2000。

轨道交通装备制造业劳动定额　专用齿轮磨齿加工

1　范围

本标准规定了轨道交通装备制造业专用齿轮磨齿加工劳动定额的制定方法。

本标准适用于轨道交通装备制造业专用齿轮磨齿加工劳动定额的制定与管理。

2　规范性引用文件

下列文件对于本文件的应用是必不可少的。凡是注日期的引用文件，仅所注日期的版本适用于本文件。凡是不注日期的引用文件，其最新版本（包括所有的修改单）适用于本文件。

GB/T 14002　劳动定员定额术语

GB/T 14163　工时消耗分类、代号和标准工时构成

LD/T 122　劳动定员定额标准的结构和编写规则

3　代号和计量单位

以下代号和计量单位适用于本文件。

b——齿宽，被加工齿轮的齿部宽度，单位为毫米（mm）；

D_a——齿顶圆直径，被加工齿轮的齿部顶圆直径，单位为毫米（mm）；

G——工件质量，单位为千克（kg）；

h——齿轮高度，被加工齿轮的整体高度，单位为毫米（mm）；

K_i——标准时间使用系数；

M_n——模数，被加工齿轮的法向模数，单位为毫米（mm）；

T_{dd}——不完全单件时间，不包括装卸时间的作业时间以及应分摊的作业宽放时间和个人需要与休息宽放时间之和，单位为工分（Mm）；

T_{zx}——装卸时间，单件装卸所消耗的时间，单位为工分（Mm）；

T_{zxzz}——装卸找正时间，单件装卸找正所消耗的时间，单位为工分（Mm）；

T_{zjj}——单件准备与结束时间，摊入单件的准备与结束时间，单位为工分（Mm）；

T_{zjg}——准备与结束时间（固定部分），每批加工只能发生一次必须给出的时间消耗，单位为工分（Mm）；

T_{zjf}——准备与结束时间（附加部分），每加工一批工件可能发生的时间消耗，单位为工分（Mm）；

z——齿数，被加工齿轮的齿的个数，单位为个；

δ——磨削余量，被加工齿轮齿面磨削公法线长度余量，单位为毫米（mm）；

β——螺旋角，被加工齿轮的轮齿倾斜角度，单位为度（°）。

4　专用齿轮磨齿加工时间定额

4.1　齿轮磨齿加工工作内容

齿轮磨齿加工是指对齿轮表面进行磨削成型的工艺过程，包括工件加工前的工艺、技术、设备、工夹

量具和刀具的准备，工件装夹、找正，刀具、工具的安装，根据工艺要求进行的工件表面磨削加工，测量，工件加工完成后的卸下，全部产品完成后的工作地整理、清扫，借用刀具、工具等的归还。

4.2 齿轮磨齿加工工序单件时间定额的构成

$$T_d = T_z + T_{zk} + T_{gxk}$$

式中：

T_d——工序单件时间；

T_z——作业时间，包含辅助时间；

T_{zk}——作业宽放时间；

T_{gxk}——个人需要与休息宽放时间。

4.3 齿轮磨齿加工时间定额制定方法

4.3.1 齿轮磨齿加工装卸时间定额制定方法

齿轮磨齿加工装卸时间定额制定方法计算公式见表 1。

表 1

<table>
<tr><th>装卸类型</th><th>装卸方式</th><th>装卸示意图</th><th>时间定额制定方法计算公式</th></tr>
<tr><td rowspan="3">使用顶尖夹装卸</td><td>磨齿芯轴</td><td>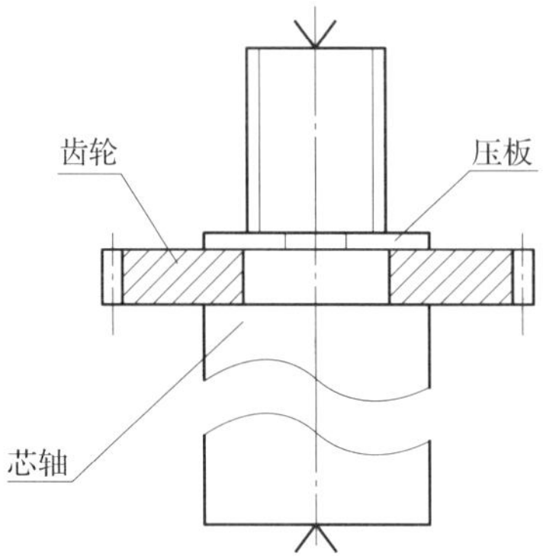
</td><td>$T_{zx} = 7.9 \times 10^{-5} D_a h + 3.05$</td></tr>
<tr><td>上下顶尖</td><td>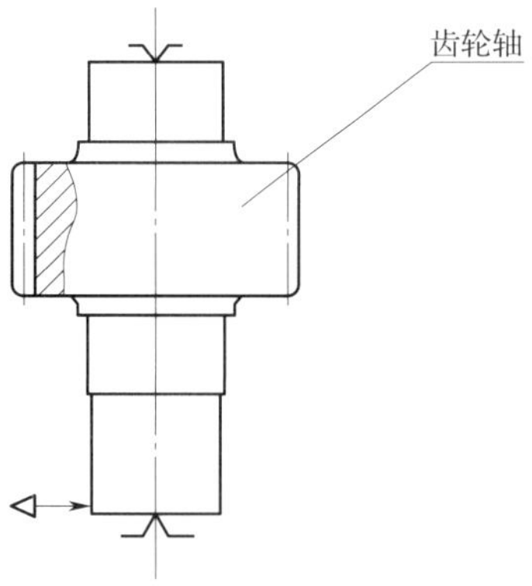
</td><td>$T_{zx} = 7.7 \times 10^{-5} D_a h + 2.78$</td></tr>
<tr><td>卡盘顶尖</td><td>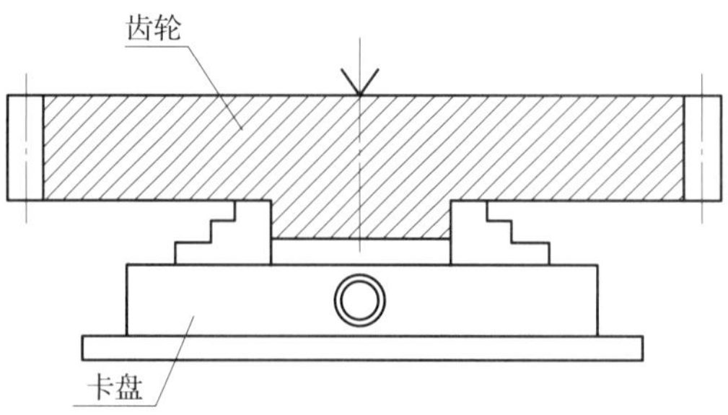
</td><td>$T_{zx} = 7.2 \times 10^{-5} D_a h + 2.78$</td></tr>
</table>

表 1（续）

装卸类型	装卸方式	装卸示意图	时间定额制定方法计算公式
磨齿胎具装卸	液压自动紧固	—	$T_{zx} = 7.4\times10^{-5}D_a h+2.56$
	螺杆手动紧固	—	$T_{zx} = 7.4\times10^{-5}D_a h+0.25n+2.56$
注 1：零件质量（含芯轴）大于 20 kg 时用吊装，另增时间 4 Mm，大于 80 kg 时另增时间 10 Mm。 注 2：公式中 n 为紧固螺栓数量。			

4.3.2　数控加工装卸找正时间定额制定方法

数控加工装卸找正时间定额制定方法计算公式见表 2。

表 2

装卸找正时间	时间定额制定方法计算公式
	$T_{zxzz} = (6.7\times10^{-6}D_a h+8.3)K_s$
注 1：零件质量大于 20 kg 时需要进行吊装，另增加时间 7 Mm；大于 90 kg 时，另增加 10 Mm；大于 180 kg 时，另增加 18 Mm（其中找正时间 10 Mm，吊装时间 8 Mm）。 注 2：K_s 为齿轮形式系数，当齿轮为外齿轮时 K_s=1，为内齿圈时 K_s=1.45。	

4.3.3　齿轮磨齿时间定额制定方法

齿轮磨齿时间定额制定方法计算公式见表 3。

表 3

磨齿方式	使用设备	时间定额制定方法计算公式
展成磨齿	IT7 精度磨齿机	$T_{dd} = \{[(8.506\times10^{-6}-3.154\times10^{-6}M_n)M_n z+4.773\times10^{-3}M_n+4.745\times10^{-3}]b+(2.734\times10^{-5}M_n+1.155\times10^{-4})M_n z+0.1979M_n+0.7842\}zK_i+6.7$
	IT6 精度磨齿机	$T_{dd} = \{[(1.199\times10^{-5}-4.446\times10^{-6}M_n)M_n z+6.728\times10^{-3}M_n-6.687\times10^{-3}]b+(2.255\times10^{-5}M_n+1.773\times10^{-4})M_n z+0.2671M_n+0.9725\}zK_i+7.5$
	IT5 精度磨齿机	$T_{dd} = \{[(1.552\times10^{-5}-5.754\times10^{-6}M_n)M_n z+8.709\times10^{-3}M_n-8.656\times10^{-3}]b+(1.769\times10^{-5}M_n+2.399\times10^{-4})M_n z+0.3371M_n+1.163\}zK_i+8.4$
数控成型磨齿		$T_{dd} = [(4.276\times10^{-5}M_n+2.8\times10^{-3})zb+(1.1104-5.54\times10^{-2}M_n)b+(0.19M_n-0.1455)z-(5.1757M_n+1.235)]K_iK_s$
注 1：当齿轮为外齿轮时 K_s=1，为内齿圈时 K_s=1.45。 注 2：标准时间使用系数 K_i 是由各系数的乘积构成，即 $K_i=K_1\times K_2\times K_3\times K_4$。 注 3：公式使用注意事项： a）展成磨齿公式适用范围为 2 mm ≤ M_n ≤ 20 mm；数控成形磨齿公式适用范围为 5 mm ≤ M_n ≤ 25 mm。 b）展成磨齿公式适用于 H800、H630、H1000、ZSTZ10、ZSTZ06、ZSTZ1250、ZSTZ800、ZSTZ630、Y7131、Y7150 等磨齿机床，不含 MAAG 公司 HSS60、HSP80、HSS90 等干磨齿机床。 c）数控成形磨齿公式适用于 Höfler Rapid1000、Rapid1250、ZE800、Rapid2000 等数控磨齿机床。 d）以上公式适用于单人单机操作方式。		

4.4 准备与结束时间

4.4.1 固定部分时间

固定部分时间的选用应符合表 4 的规定。

表 4

单位为工分

复杂程度	Ⅰ	Ⅱ	Ⅲ	Ⅳ
准备与结束时间	95	120	175	215

注 1：Ⅰ指加工普通齿轮或采用修缘、修斜样板加工需修缘、修斜齿轮。Ⅱ指不用修缘样板加工需齿形修缘齿轮。Ⅲ指不用修斜样板加工需齿向修斜的齿轮。Ⅳ指不用修缘、修斜样板加工需齿形修缘、齿向修斜齿轮。

注 2：工作内容包括接受任务、清点材料、借还图纸和工夹量具、机床调整、工装调整、首件计量和检查。

4.4.2 附加部分时间

附加部分时间的选用应符合表 5 的规定。

表 5

单位为工分

项目	准备与结束时间
平衡砂轮	6
更换砂轮	10
斜齿立柱调整	20
更换挂轮	10
更换冷却液	15
装卸胎具	20
装卸顶尖夹	6
更换金刚石 / 金刚滚轮	4

4.5 标准时间使用系数

4.5.1 磨齿机加工斜齿系数（K_1）

磨齿机加工斜齿系数（K_1）的选用应符合表 6 的规定。

表 6

β		0°	15°	30°	45°
K_1	普通机床	1.00	1.25	1.35	1.50
	数控机床	1.00	1.01	1.03	1.05

4.5.2 磨削余量系数（K_2）

磨削余量系数（K_2）的选用应符合表 7 的规定。

表 7

磨削余量		$\delta \leq 0.40$ mm	0.40 mm $< \delta \leq$ 0.60 mm	0.60 mm $< \delta \leq$ 0.80 mm	$\delta >$ 0.80 mm
K_2	普通机床	1.00	1.20	1.50	
	数控机床	1.00	1.07	1.16	—

4.5.3 齿型工艺系数（K_3）

齿型工艺系数（K_3）的选用应符合表 8 的规定。

表 8

齿型修整	普通	不用样板齿面修缘	不用样板齿向修斜	不用样板修缘修斜
K_3	1.00	1.15	1.40	1.60

4.5.4 设备系数（K_4）

设备系数（K_4）的选用应符合表 9 的规定。

表 9

设备型号	H630、H800、H1000	ZSTZ10、ZSTZ06	ZSTZ1250、ZSTZ800、ZSTZ630	Y7131、Y7150
K_4	0.70	0.80	1.00	1.05

附 录 A
（资料性附录）
时间定额制定的方法

A.1 时间定额制定方法

时间定额制定方法见图A.1。

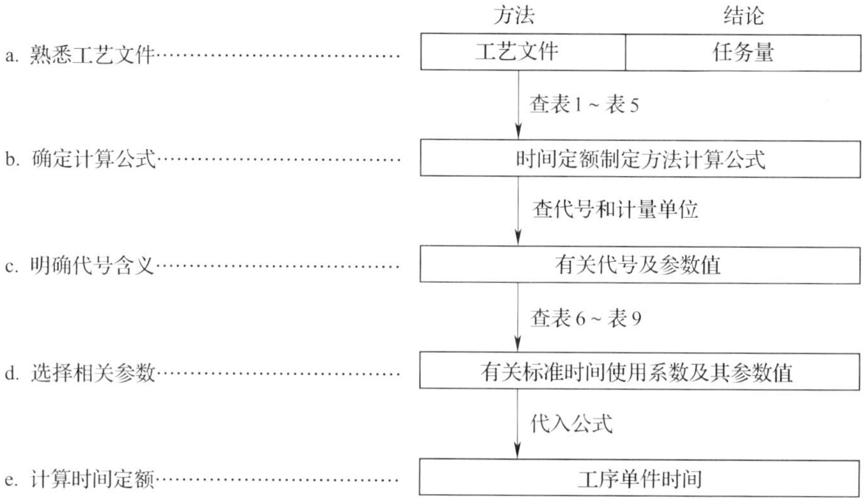

图 A.1

A.2 应用举例

试用H1000磨齿机床（或者Rapid1000）加工一批齿轮，求工序单件时间定额（见表A.1）。

已知条件：

- 齿轮模数12 mm
- 齿轮齿数63个
- 齿轮齿宽140 mm
- 齿轮高度140 mm
- 齿轮顶圆直径781 mm
- 齿轮螺旋角0°
- 齿轮质量270 kg
- 装夹方法为齿轮胎具液压自动装夹
- 齿轮磨削余量0.4 mm
- 批量20件
- 加工齿轮精度等级6级

表 A.1

工艺路线	技术要求		时间定额制定方法计算公式	时间定额 Mm
装卸	$G=270$ kg，$D_a=781$ mm，$h=140$ mm		$T_{zx}=7.4\times10^{-5}D_a h+2.56+10$	20.65
磨齿	$M_n=12$ mm，$z=63$个，$b=140$ mm		（采用表3中展成磨IT6级公式）	470.79
	展成磨	$K_1=1$，$K_2=1$，$K_3=1$，$K_4=0.7$		
准备与结束时间	展成磨	$T_{zjg}=95$ Mm，$T_{zjf}=85$ Mm，$N_p=$ 20件	$T_{zjj}=(T_{zjg}+T_{zjf})/N_p$	9
单件时间定额	展成磨齿		$T_{dn}=T_{zx}+T_{dd}+T_{zjj}$	506.44

ICS 03.100.30
A 02
备案号：71049—2020

LD

中华人民共和国劳动和劳动安全行业标准

LD/T 71.26—2019
代替 LD/T 71.26—2000

轨道交通装备制造业劳动定额 专用齿轮刨齿加工

The work quota for the manufacturing industry of rail transit equipment special gear tooth-planing processing

2019-01-22 发布　　2019-02-01 实施

中华人民共和国人力资源和社会保障部　发 布

目　次

前　　言

本标准按GB/T 1.1—2009《标准化工作导则　第1部分：标准的结构和编写》给出的规则起草。

本标准代替LD/T 71.26—2000《铁路工业制齿工劳动定额制定　第五部分：刨齿劳动定额制定》。因行业名称的规范和工艺技术条件的进步、工艺技术水平的提升，将《铁路工业制齿工劳动定额制定　第五部分：刨齿劳动定额制定》修改为《轨道交通装备制造业劳动定额　专用齿轮刨齿加工》方法标准。

与LD/T 71.26—2000相比，除编辑性修改外，主要技术变化如下：

——修改了范围（见第1章，2000年版的第1章）；

——修改了“引用标准”为“规范性引用文件”（见第2章，2000年版的第2章）；

——修改了“刨齿机床加工时间定额的制定”为“专用齿轮刨齿加工时间定额”（见第4章，2000年版的第4章）；

——增加了“齿轮刨齿加工工作内容”（见4.1）；

——增加了“齿轮刨齿加工工序单件时间定额的构成”（见4.2）；

——修改了表中表头“时间定额计算公式”为“时间定额制定方法计算公式”（见表1、表2，2000年版的表2、表3）；

——增加了装卸示意图（见表1）；

——修改了时间定额制定方法计算公式（见4.3.2，2000年版的4.2）；

——修改了“提示的附录”为“资料性附录”（见附录A，2000年版的附录A）；

——修改了附录A中应用举例（见附录中的表A.1，2000年版的附录表A1）；

本标准由中华人民共和国人力资源和社会保障部提出。

本标准由全国劳动定额定员标准化技术委员会（SAC/TC 131）归口。

本标准起草单位：中国中车股份有限公司。

本标准主要起草人：樊亮、付强、张齐洋、孙景屹、安治学、胡宪哲。

本标准历次版本发布情况为：LD/T 71.26—2000。

轨道交通装备制造业劳动定额　专用齿轮刨齿加工

1　范围

本标准规定了轨道交通装备制造业专用齿轮刨齿加工劳动定额的制定方法。

本标准适用于轨道交通装备制造业专用齿轮刨齿加工劳动定额的制定与管理。

2　规范性引用文件

下列文件对于本文件的应用是必不可少的。凡是注日期的引用文件，仅所注日期的版本适用于本文件。凡是不注日期的引用文件，其最新版本（包括所有的修改单）适用于本文件。

GB/T 14002　劳动定员定额术语

GB/T 14163　工时消耗分类、代号和标准工时构成

LD/T 122　劳动定员定额标准的结构和编写规则

3　代号和计量单位

以下代号和计量单位适用于本文件。

b——齿宽，被加工齿轮的齿部宽度，单位为毫米（mm）；

D_a——齿顶圆直径，被加工齿轮的齿部顶圆直径，单位为毫米（mm）；

G——质量，工件质量，单位为千克（kg）；

h——齿轮高度，被加工齿轮的整体高度，单位为毫米（mm）；

K_1——材料系数；

T_{dd}——不完全单件时间，不包括装卸时间的作业时间以及应分摊的作业宽放时间和个人需要与休息宽放时间之和，单位为工分（Mm）；

T_{zx}——装卸时间，单件装卸所消耗的时间，单位为工分（Mm）；

T_{zjj}——单件准备与结束时间，摊入单件的准备与结束时间，单位为工分（Mm）；

T_{zjg}——准备与结束时间（固定部分），每批加工只能发生一次必须给出的时间消耗，单位为工分（Mm）；

T_{zjf}——准备与结束时间（附加部分），每加工一批工件可能发生的时间消耗，单位为工分（Mm）；

M_n——模数，被加工齿轮的法向模数，单位为毫米（mm）；

z——齿数，加工齿轮的齿数。

4　专用齿轮刨齿加工时间定额

4.1　齿轮刨齿加工工作内容

齿轮刨齿加工是指对齿轮表面进行刨削成型的工艺过程，包括工件加工前的工艺、技术、设备、工夹量具和刀具的准备，工件装夹、找正，刀具、工装的安装，根据工艺要求进行的工件表面刨削加工，测量，工件加工完成后的卸下，全部产品加工完成后的工作场地整理、清扫，借用刀具、工具等的归还。

4.2 齿轮刨齿加工工序单件时间定额的构成

$$T_d=T_z+T_{zk}+T_{gxk}$$

式中：

T_d——工序单件时间；

T_z——作业时间，包含辅助时间；

T_{zk}——作业宽放时间；

T_{gxk}——个人需要与休息宽放时间。

4.3 齿轮刨齿加工时间定额制定方法

4.3.1 齿轮刨齿加工装卸时间定额制定方法

齿轮刨齿加工装卸时间定额制定方法计算公式见表 1。

表 1

装卸方式	装卸示意图	时间定额制定方法计算公式
刨齿芯轴	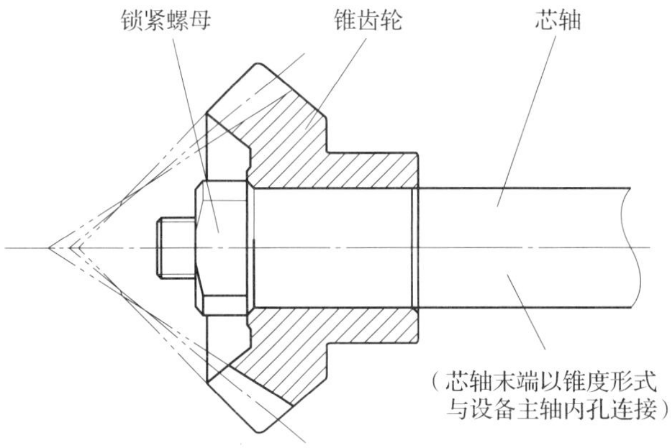	$T_{zx}=3.7\times10^{-4}D_a h+0.70$
夹紧套	—	$T_{zx}=4.2\times10^{-4}D_a h+0.75$
注：单件质量大于 20 kg 时用吊装，另增时间 5 Mm。		

4.3.2 齿轮刨齿加工时间定额制定方法

齿轮刨齿加工时间定额制定方法计算公式见表 2。

表 2

加工精度	时间定额制定方法计算公式
$Ra\geqslant6.3$ 时粗刨齿	$T_{dd}=\{[(-0.0577M_n+0.3499)b+0.001M_n+0.0005]z+13.2504M_n\}K_1+5$
$Ra=3.2$ 时粗刨齿	$T_{dd}=\{[(-0.4725M_n+1.0036)b+5.7276M_n-9.6997]z+16.7446M_n\}K_1+6$
$Ra=1.6$ 时粗刨齿	$T_{dd}=\{[(-0.0051M_n+0.2859)b-2.0361M_n-4.7763]z+9.2374M_n\}K_1+6$
注：适用于 2 mm ≤ M_n ≤ 8 mm，单人、单机操作，并采用设备 Y236 刨齿。	

4.4 准备与结束时间

4.4.1 固定部分时间

固定部分时间的选用应符合表3的规定。

表3

单位为工分

准备与结束时间	100
注：固定部分工作内容包括接受任务、清点材料、借还图纸和工夹量具、机床调整、分齿进给挂轮调整、首件检查。	

4.4.2 附加部分时间

附加部分时间的选用应符合表4的规定。

表4

单位为工分

工作项目	更换刀具	更换切削液	装卸夹紧套	配接触区	装卸芯轴
准备与结束时间	4	15	7	130	6

4.5 标准时间使用系数

4.5.1 材料系数（K_1）

材料系数（K_1）的选用应符合表5规定。

表5

材质	铸铁、铜	40Cr、45号	调质钢、合金钢
K_1	0.80	1.00	1.20

附 录 A
（资料性附录）
时间定额制定的方法

A.1 时间定额制定方法

时间定额制定方法见图 A.1。

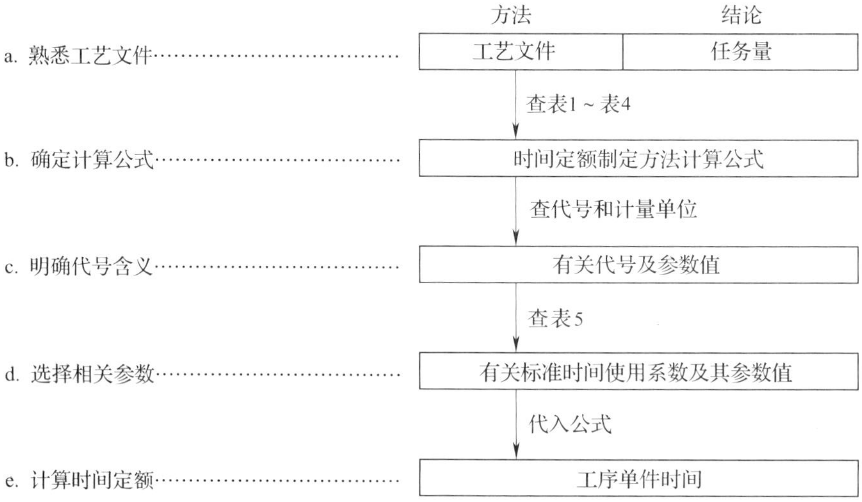

图 A.1

A.2 应用举例

试用 Y236 刨齿机床加工一批齿轮，求单件时间定额（见表 A.1）。

已知条件：

- 齿轮模数 3.175 mm
- 齿轮齿数 28 个
- 齿轮齿宽 15 mm
- 齿轮顶圆最大直径 88.9 mm
- 齿轮高度 30 mm
- 齿轮质量 0.61 kg
- 装夹方法为刨齿芯轴
- 材质 40Cr
- 批量 20 件
- 粗刨、精刨一次成型，加工表面粗糙度 $Ra3.2$

表 A.1

工艺路线	技术要求	时间定额制定方法计算公式	时间定额 Mm
装卸	G=0.61 kg，D_a=88.9 mm，h=30 mm	$T_{zx}=3.7\times10^{-4}D_a h+0.70$	1.69
刨齿	M_n=3.175 mm，Z=28 个，b=15 mm，K_1=1	$T_{dd}=\{[(-0.4725M_n+1.0036)b+5.7276M_n-9.6997]z+16.7446M_n\}K_1+6$	88.19
准备与结束时间	T_{zjg}=100 Mm，T_{zjf}=159 Mm，N_p=20 件	$T_{zjj}=(T_{zjg}+T_{zjf})/N_p$	12.95
单件时间定额		$T_{dn}=T_{zx}+T_{dd}+T_{zjj}$	102.83

ICS 03.100.30
A 02
备案号：71050—2020

LD

中华人民共和国劳动和劳动安全行业标准

LD/T 71.27—2019
代替 LD/T 71.27—2000

轨道交通装备制造业劳动定额 专用花键加工

The work quota for the manufacturing industry of rail transit equipment special spline machining

2019-01-22 发布　　　　2019-02-01 实施

中华人民共和国人力资源和社会保障部　发 布

目　次

前　言

本标准按 GB/T 1.1—2009《标准化工作导则　第 1 部分：标准的结构和编写》给出的规则起草。

本标准代替 LD/T 71.27—2000《铁路工业拉床工劳动定额制定》。因行业名称的规范和工艺技术条件的进步、工艺技术水平的提升，将《铁路工业拉床工劳动定额制定》修改为《轨道交通装备制造业劳动定额　专用花键加工》方法标准。

与 LD/T 71.27—2000 相比，除编辑性修改外，主要技术变化如下：

——修改了范围（见第 1 章，2000 年版的第 1 章）；

——修改了“引用标准”为“规范性引用文件”（见第 2 章，2000 年版的第 2 章）；

——修改了代号“D”为“d”（见第 3 章，2000 年版的第 3 章）；

——增加了代号 K_i（见第 3 章）；

——修改了“拉床加工时间定额的制定”为“专用花键加工时间定额”（见第 4 章，2000 年版的第 4 章）；

——增加了“花键加工工作内容”（见 4.1）；

——增加了“花键加工工序单件时间定额的构成”（见 4.2）；

——增加了“花键加工时间定额制定方法”（见 4.3）；

——修改了“装卸时间定额的制定”为“花键加工装卸时间定额制定方法”（见 4.3.1，2000 年版的 4.1）；

——增加了“花键加工示意图”（见图 1）；

——修改了“拉削工步时间定额的制定”为“花键加工时间定额制定方法”（见 4.3.3，2000 年版的 4.2）；

——修改了表中表头“时间定额的制定”为“时间定额制定方法计算公式”（见表 1、表 2，2000 年版的表 2、表 3）；

——修改了“准备与结束时间定额的规定”为“准备与结束时间”（见 4.4，2000 年版的 4.3）；

——修改了“提示的附录”为“资料性附录”（见附录 A，2000 版的附录 A）；

——修改了“时间定额计算公式”为“时间定额制定方法计算公式”（见图 A.1，2000 年版的图 A1）；

——修改了附录 A 中 A.1（见附录 A 的 A.1，2000 年版附录 A 的 A1）；

——修改了附录 A 中 A.2（见附录 A 的 A.2，2000 年版附录 A 的 A2）。

本标准由中华人民共和国人力资源和社会保障部提出。

本标准由全国劳动定额定员标准化技术委员会（SAC/TC 131）归口。

本标准起草单位：中国中车股份有限公司。

本标准主要起草人：胡玉新、庞连城、樊亮。

本标准历次版本发布情况为：LD/T 71.27—2000。

轨道交通装备制造业劳动定额　专用花键加工

1　范围

本标准规定了轨道交通装备制造业专用花键加工劳动定额的制定方法。

本标准适用于轨道交通装备制造业专用花键加工劳动定额的制定与管理。

2　规范性引用文件

下列文件对于本文件的应用是必不可少的。凡是注日期的引用文件，仅所注日期的版本适用于本文件。凡是不注日期的引用文件，其最新版本（包括所有的修改单）适用于本文件。

GB/T 14002　劳动定员定额术语

GB/T 14163　工时消耗分类、代号和标准工时构成

LD/T 122　劳动定员定额标准的结构和编写规则

3　代号和计量单位

下列代号和计量单位适用于本文件。

C——常数，机床型号调整常数；

d——内径，被加工面的内孔公称直径，单位为毫米（mm）；

G——质量，工件质量，单位为千克（kg）；

h——高度，被加工面的加工高度，单位为毫米（mm）；

K_i——标准时间使用系数；

I——刀次，完成拉削工序所需的拉削次数（等于一组拉刀的根数）；

L——长度，被加工面的加工长度，单位为毫米（mm）；

L_1——拉刀长度，拉刀总长度，单位为毫米（mm）；

T_{dd}——不完全单件时间，不包括装卸时间的作业时间以及应分摊的作业宽放时间和个人需要与休息宽放时间之和，单位为工分（Mm）；

T_{zjj}——单件准备与结束时间，摊入单件的准备与结束时间，单位为工分（Mm）；

T_{zjg}——准备与结束时间（固定部分），每批加工必须给出的时间消耗，单位为工分（Mm）；

T_{zjf}——准备与结束时间（附加部分），每批工件加工可能发生的时间消耗，单位为工分（Mm）；

T_{zx}——装卸时间，单件装卸所消耗的时间，单位为工分（Mm）；

V——速度，拉削速度，单位为毫米每分钟（mm/min）。

4　专用花键加工时间定额

4.1　花键加工工作内容

花键加工是指对工件表面进行拉削成型的工艺过程，包括工件加工前的工艺、技术、设备、工夹量具和刀具的准备，工件装夹、找正，刀具、工装的安装，根据工艺要求进行的工件表面拉削加工，测量，工件加

工完成后的卸下，全部产品加工完成后的工作场地整理、清扫，借用刀具、工具等的归还。

4.2 花键加工工序单件时间定额的构成

$$T_d = T_z + T_{zk} + T_{gxk}$$

式中：

T_d——工序单件时间；

T_z——作业时间，包含辅助时间；

T_{zk}——作业宽放时间；

T_{gxk}——个人需要与休息宽放时间。

4.3 花键加工时间定额制定方法

4.3.1 花键加工装卸时间定额制定方法

花键加工装卸时间定额制定方法计算公式见表1。

表1

装卸方式	工件质量 kg	时间定额制定方法计算公式
手工装卸	$G \leqslant 20$	$T_{zx}=0.5K_1$
机械装卸	$G > 20$	$T_{zx}=1.5K_1$

4.3.2 花键加工示意图

花键加工见图1。

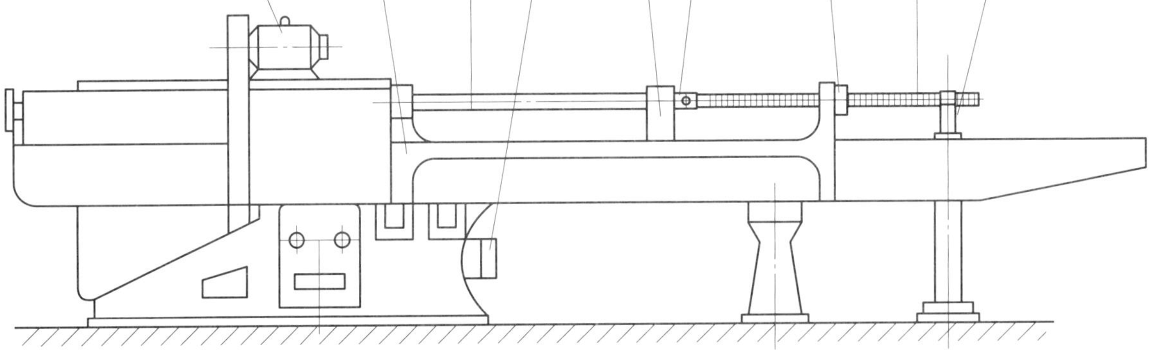

图1

4.3.3 花键加工时间定额制定方法

花键加工时间定额制定方法计算公式见表2。

表2

内径公称尺寸 mm	工件被拉削部长度 mm	比值	时间定额制定方法计算公式
$d < 34$	$L \leqslant 33$	—	$T_{dd}=[(307.6+C)K_i \times 10^{-3}+1.16]I-0.05$
	$33 < L \leqslant 53$		$T_{dd}=[(285.6+0.66L+C)K_i \times 10^{-3}+1.16]I-0.05$
	$L > 53$	$L/d \geqslant 1.5$	$T_{dd}=[(241.7+1.48L+C)K_i \times 10^{-3}+1.16]I-0.05$
		$L/d < 1.5$	$T_{dd}=[(241.7+1.76L+C)K_i \times 10^{-3}+1.16]I-0.05$

表 2（续）

内径公称尺寸 mm	工件被拉削部长度 mm	比值	时间定额制定方法计算公式
$34 \leqslant d < 40$	$L \leqslant 33$	—	$T_{dd}=[(340.6+C)K_i \times 10^{-3}+1.16]I-0.05$
	$33 < L \leqslant 53$		$T_{dd}=[(318.6+0.66L+C)K_i \times 10^{-3}+1.16]I-0.05$
	$L > 53$	$L/d \geqslant 1.5$	$T_{dd}=[(274.6+1.48L+C)K_i \times 10^{-3}+1.16]I-0.05$
		$L/d < 1.5$	$T_{dd}=[(274.6+1.76L+C)K_i \times 10^{-3}+1.16]I-0.05$
$40 \leqslant d < 75$	$L \leqslant 33$	—	$T_{dd}=[(340.6+C)K_i \times 10^{-3}+1.66]I-0.05$
	$33 < L \leqslant 53$		$T_{dd}=[(318.6+0.66L+C)K_i \times 10^{-3}+1.66]I-0.05$
	$L > 53$	$L/d \geqslant 1.5$	$T_{dd}=[(274.6+1.48L+C)K_i \times 10^{-3}+1.66]I-0.05$
		$L/d < 1.5$	$T_{dd}=[(274.6+1.76L+C)K_i \times 10^{-3}+1.66]I-0.05$
$d \geqslant 75$	$L \leqslant 33$	—	$T_{dd}=[(390+C)K_i \times 10^{-3}+1.66]I-0.05$
	$33 < L \leqslant 53$		$T_{dd}=[(390+0.66L+C)K_i \times 10^{-3}+1.66]I-0.05$
	$L > 53$	$L/d \geqslant 1.5$	$T_{dd}=[(284.5+1.48L+C)K_i \times 10^{-3}+1.66]I-0.05$
		$L/d < 1.5$	$T_{dd}=[(284.5+1.76L+C)K_i \times 10^{-3}+1.66]I-0.05$

注 1：拉床型号为 L6110 时 C=0；为 L6120 时 C=22；为 L6140 时 C=55；为立式拉床时 C=0。

注 2：如果工艺中给出了拉刀总长和拉削速度，T_{dd} 应按如下方法计算：当内径公称尺寸 $d < 40$ mm 时，$T_{dd}=(L_1/V+1.16)IK_4K_5-0.05$；当内径公称尺寸 $d \geqslant 40$ mm 时，$T_{dd}=(L_1/V+1.66)IK_4K_5-0.05$。

4.4 准备与结束时间

准备与结束时间制定见表 3。

表 3

单位为工分

固定部分	设备型号	L6110、L6120		L6140	
	复杂程度	Ⅰ	Ⅱ	Ⅰ	Ⅱ
	准备与结束时间	35	37	36	40
附加部分	设备型号	L6110、L6120		L6140	
	项目	使用辅助滑板			
	准备与结束时间	6		8	

注 1：Ⅰ是接受工作任务、领取及点收工件、熟悉图纸或工艺、借还图纸、调整机床、工装的准备及装卸首件、试拉检查、速度调整、一批零件完工后送检、清理机床。

注 2：Ⅱ是工装装卸时需进行调整或需用辅助装置固定及Ⅰ所列内容。

4.5 标准时间使用系数

4.5.1 装卸系数（K_1）

装卸系数（K_1）的选用应符合表 4 规定。

表 4

装卸复杂程度		Ⅰ	Ⅱ	Ⅲ	Ⅳ
K_1	手装	1.00	1.20	1.60	3.00
	机装	1.00	1.10	1.20	1.70
注：Ⅰ无位置要求；Ⅱ有位置要求，需目测调整位置，工装简单，装卸时只需将工件直接套入工装内孔；Ⅲ有位置要求，需用辅助测量工具调整位置，工装装卸是将工件套入工装内孔后还需用螺栓将工件压紧；Ⅳ有位置要求，需用辅助测量工具反复调整位置，工装装卸是将工件套入工装内孔后还需用螺栓将工件压紧。					

4.5.2 拉削形状系数（K_2）

拉削形状系数（K_2）的选用应符合表 5 规定。

表 5

拉削形状	花键	圆孔	单键
K_2	$1000ab/(2050ab-8bL-57ah)$	$1000ab/(3200ab-5bL-67ah)$	$1000ab/(2100ab-4bL-23ah)$
注：a=INT（L/120+1），b=INT（h/5+1），“INT（）”是取整函数。			

4.5.3 刀具系数（K_3）

刀具系数（K_3）的选用应符合表 6 规定。

表 6

拉刀类型	普切花键	轮切花键	普切圆孔	轮切圆孔	综合圆孔	单键
K_3	2.85	2.78	2.11	1.81	1.75	2.86

4.5.4 回程系数（K_4）

回程系数（K_4）的选用应符合表 7 规定。

表 7

机床类型	立拉	卧拉
K_4	2.00	1.50

4.5.5 材料系数（K_5）

材料系数（K_5）的选用应符合表 8 规定。

表 8

材质	铜、铝合金	铸铁	普通碳素钢	合金钢、调质钢
K_5	0.75	0.85	1.00	1.30

附　录　A
（资料性附录）
时间定额制定的方法

A.1　时间定额制定方法

时间定额制定方法见图 A.1。

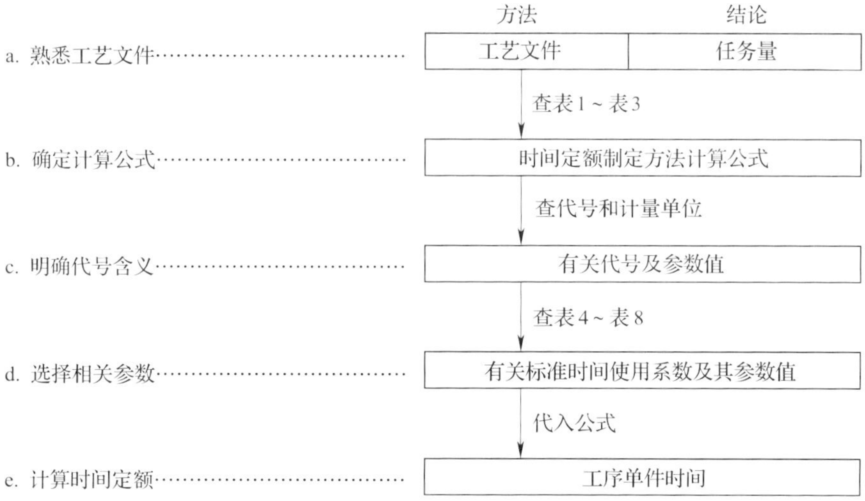

图 A.1

A.2　应用举例

用 L6140 卧式拉床，加工规格为 56 mm×65 mm×8 mm 的内花键套，键长为 210 mm，材料为 45 钢，花键无相对位置要求，工件质量 18.5 kg。使用的工装复杂程度一般，拉刀类型为轮切花键拉刀，3 刀完成，批量为 20 个，求工件单件时间定额。

解：

1. 花键加工装卸时间定额：

查表 1，G=18.5 kg ≤ 20 kg，确定手工装卸：$T_{zx}=0.5K_1$；查表 4，装卸系数 K_1=1.00。

$$T_{zx}=0.5K_1=0.5\times1.00=0.5\ \text{Mm}$$

2. 花键加工时间定额：

查表 2，d=56 mm，L=210 mm ＞ 53 mm，L/d=210/56=3.75 ＞ 1.5，确定计算公式为：

$$T_{dd}=[(274.6+1.48L+C)K_i\times10^{-3}+1.66]I-0.05$$

L6140 拉床，常数 C=55；刀次 I=3 次；拉削深度 h=(65-56)/2=4.5 mm。

查表 5，拉削形状系数（花键）：$K_2=1000ab/(2050ab-8bL-57ah)$。

$$a=\text{INT}(L/120+1)=\text{INT}(210/120+1)=2,\ b=\text{INT}(h/5+1)=\text{INT}(4.5/5+1)=1$$

$$K_2=1000\times2\times1/(2050\times2\times1-8\times1\times210-57\times2\times4.5)=1.049$$

查表 6，轮切花键拉刀，刀具系数 K_3=2.78；查表 7，卧式拉床，回程系数 K_4=1.50；查表 8，45 钢，材料系数 K_5=1.00。

$$K_i=K_2\times K_3\times K_4\times K_5=1.049\times2.78\times1.50\times1.00=4.37$$

$$T_{dd}=[(274.6+1.48\times210+55)\times4.37\times10^{-3}+1.66]\times3-0.05=13.33\ \text{Mm}$$

3. 准备与结束时间：

查表 3，T_{zjg}=36 Mm，T_{zjf}=0 Mm，N_P=20 件。

$$T_{zjj}=(T_{zjg}+T_{zjf})/N_p=(36+0)/20=1.8\ \text{Mm}$$

4. 工件单件时间定额：

$$T_{dn}=T_{zx}+T_{dd}+T_{zjj}=0.5+13.33+1.8=15.63\ \text{Mm}$$

ICS 03.100.30
A 02
备案号：71051—2020

LD

中华人民共和国劳动和劳动安全行业标准

LD/T 71.29—2019
代替 LD/T 71.29—2000

轨道交通装备制造业劳动定额
立式车床加工

The work quota for the manufacturing industry of rail transit equipment
vertical lathe machining

2019-01-22 发布　　2019-02-01 实施

中华人民共和国人力资源和社会保障部　发布

目　　次

前　言

本标准按 GB/T 1.1—2009《标准化工作导则　第1部分：标准的结构和编写》给出的规则起草。

本标准代替 LD/T 71.29—2000《铁路工业立式车床加工劳动定额制定》。因行业名称的规范和工艺技术条件的进步、工艺技术水平的提升，将《铁路工业立式车床加工劳动定额制定》修改为《轨道交通装备制造业劳动定额　立式车床加工》方法标准。

与 LD/T 71.29—2000 相比，除编辑性修改外，主要技术变化如下：

——修改了范围（见第1章，2000年版的第1章）；

——修改了“引用标准”为“规范性引用文件”（见第2章，2000年版的第2章）；

——增加了代号 T_{dn}、K_{i}（见第3章）；

——修改了“立式车床加工时间定额的制定”为“立式车床加工时间定额”（见第4章，2000年版的第4章）；

——增加了“立式车床加工工作内容”（见4.1）；

——增加了“立式车床加工工序单件时间定额的构成”（见4.2）；

——修改了“时间定额的制定”为“立式车床加工时间定额制定方法”（见表4.3，2000年版的第4章）；

——修改了表中表头“时间定额计算公式”为“时间定额制定方法计算公式”（见表1、表2、表4，2000年版的表2、表3、表4）；

——增加了 VTC120 数控立式车床加工装卸时间定额制定方法计算公式（见4.3.1）；

——增加了立式车床加工装夹示意图（见表1）；

——增加了数控 VTC120 立式车床工步时间定额制定方法计算公式（见4.3.3）；

——增加了数控 VTC120 立式车床固定部分、附加部分时间的选用（见4.4.1、4.4.2）；

——增加了数控 VTC120 立式车床装卸系数、工况系数的选用（见4.5.1、4.5.2）；

——修改了“提示的附录”为“资料性附录”（见附录A，2000年版的附录A）；

——修改了附录A中“应用举例 A.2.1”（见附录A中A.2.1，2000年版的附录A中A2）；

——增加了附录A中“应用举例 A.2.2”（见附录A中A.2.2）。

本标准由中华人民共和国人力资源和社会保障部提出。

本标准由全国劳动定额定员标准化技术委员会（SAC/TC 131）归口。

本标准起草单位：中国中车股份有限公司。

本标准主要起草人：王草、吕超、祁金祥、李强、杨小兵、张龙波。

本标准历次版本发布情况为：LD/T 71.29—2000。

轨道交通装备制造业劳动定额　立式车床加工

1　范围

本标准规定了轨道交通装备制造业立式车床加工劳动定额的制定方法。

本标准适用于轨道交通装备制造业立式车床加工劳动定额的制定与管理。

2　规范性引用文件

下列文件对于本文件的应用是必不可少的。凡是注日期的引用文件，仅所注日期的版本适用于本文件。凡是不注日期的引用文件，其最新版本（包括所有的修改单）适用于本文件。

GB/T 14002　劳动定员定额术语

GB/T 14163　工时消耗分类、代号和标准工时构成

GB/T 1031　产品几何技术规范（GPS）　表面结构　轮廓法　表面粗糙度参数及其数值

LD/T 122　劳动定员定额标准的结构和编写规则

3　代号和计量单位

下列代号和计量单位适用于本文件。

B——宽度，单位为毫米（mm）；

b——槽底宽度，单位为毫米（mm）；

D——外径，单位为毫米（mm）；

d——内径，单位为毫米（mm）；

G——质量，单位为千克（kg）；

H——深度或高度，单位为毫米（mm）；

K_i——标准时间使用系数；

L——长度，单位为毫米（mm）；

n——装卸件数，单位为件；

R——半径，单位为毫米（mm）；

T_{zx}——单件装卸所消耗的时间，单位为工分（Mm）；

T_{zxn}——一次装卸多件时消耗的总装卸时间，单位为工分（Mm）；

T_{dd}——不完全单件时间（不包括装卸时间、宽放时间），单位为工分（Mm）；

T_{dn}——完全单件时间，单位为工分（Mm）；

T_{zjj}——摊入单件的准备与结束时间，单位为工分（Mm）；

T_{zjg}——每批加工件只能发生一次必须给出的时间消耗（固定部分），单位为工分（Mm）；

T_{zjf}——每加工一件时可能发生的时间消耗（附加部分），单位为工分（Mm）；

Z——槽数，单位为个。

4 立式车床加工时间定额

4.1 立式车床加工工作内容

立式车床加工是指使用立式车床进行车削成型的工艺过程，包括工件加工前的工艺、技术、设备、工夹量具和刀具的准备，工件装夹、找正，刀具、工装的安装，根据工艺要求进行的工件车削加工，测量，工件加工完成后的卸下，全部产品加工完成后的工作场地整理、清扫，借用刀具、工具等的归还。

4.2 立式车床加工工序单件时间定额的构成

$$T_d=T_z+T_{zk}+T_{gxk}$$

式中：

T_d——工序单件时间；

T_z——作业时间，包含辅助时间；

T_{zk}——作业宽放时间；

T_{gxk}——个人需要与休息宽放时间。

4.3 立式车床加工时间定额制定方法

4.3.1 立式车床加工装卸时间定额制定方法

立式车床加工装卸时间定额制定方法计算公式见表 1。

表 1

设备型号	装卸方法	装夹示意图	时间定额制定方法计算公式
C512 C516 C525	四爪（模锻）	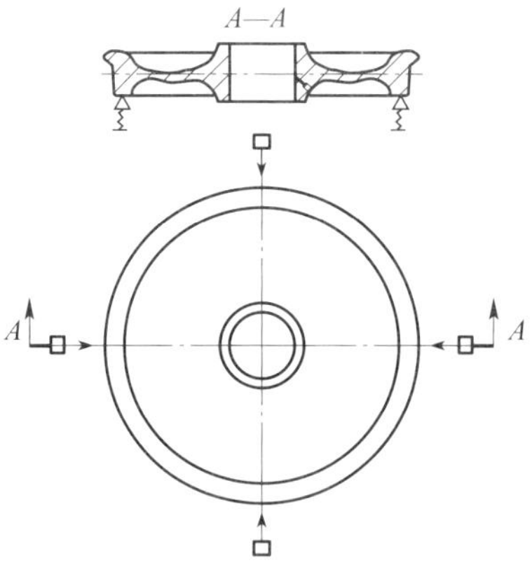 	$T_{zx}=0.834G^{0.21}K_i+0.8$
	四爪（划线校正）		$T_{zx}=2.0606G^{0.27}K_i+3.5$
	四爪（薄壁件划线校正）		$T_{zx}=2.2085G^{0.33}K_i+8.5$
	四爪（自由锻件、铸件）		$T_{zx}=0.3016G^{0.43}K_i+2$
	四爪（百分表校正）		$T_{zx}=0.383G^{0.45}K_i+1.5$
	四爪（专用夹具）		$T_{zx}=0.84G^{0.21}K_i+1.5$
	一次装卸多件（专用夹具）		$T_{zx}=T_{zxn}/n$
数控 VTC120	四爪（百分表校正）		$T_{zx}=0.415G^{0.48}K_i+0.1$
	四爪（专用夹具）		$T_{zx}=0.21G^{0.15}K_i+0.5$

注 1：每使用一个千斤顶另加 1 Mm。

注 2：每使用一副夹具另加 1.5 Mm。

注 3：标准时间使用系数 K_i 是由各选用系数的乘积构成，即 $K_i=K_1\times K_2\cdots$。

4.3.2 C512、C516、C525 立式车床工步时间定额制定方法

C512、C516、C525 立式车床工步时间定额制定方法计算公式见表 2。

表 2

设备型号	工步	粗糙度	时间定额制定方法计算公式
C512、C516	车端面	$Ra25 \sim Ra12.5$	$T_{dd}=(1.6\times10^{-4}D+0.0032)LK_i+1.68$
		$Ra6.3$	$T_{dd}=(3.16\times10^{-4}D+0.0083)LK_i+2.04$
		$Ra3.2$	$T_{dd}=(4.22\times10^{-4}D+0.0134)LK_i+2.89$
C525		$Ra25 \sim Ra12.5$	$T_{dd}=(2.0\times10^{-4}D+0.0032)LK_i+1.8$
		$Ra6.3$	$T_{dd}=(3.5\times10^{-4}D+0.0083)LK_i+2.3$
		$Ra3.2$	$T_{dd}=(4.6\times10^{-4}D+0.0134)LK_i+3$
C512、C516	车外圆	$Ra25$	$T_{dd}=(1.8\times10^{-4}D+0.0045)LK_i+1.75$
		$Ra12.5$	$T_{dd}=(3.04\times10^{-4}D+0.0067)LK_i+2.11$
		$Ra6.3$	$T_{dd}=(3.34\times10^{-4}D+0.0105)LK_i+3$
		$Ra3.2$	$T_{dd}=(4.48\times10^{-4}D+0.0128)LK_i+3.5$
C525		$Ra25$	$T_{dd}=(2.2\times10^{-4}D+0.0045)LK_i+2$
		$Ra12.5$	$T_{dd}=(3.7\times10^{-4}D+0.0045)LK_i+2.45$
		$Ra6.3$	$T_{dd}=(4.2\times10^{-4}D+0.0068)LK_i+3$
		$Ra3.2$	$T_{dd}=(5.5\times10^{-4}D+0.0128)LK_i+3.5$
C512、C516	车内圆	$Ra25 \sim Ra12.5$	$T_{dd}=(2.43\times10^{-4}d+0.011)LK_i+1.76$
		$Ra6.3$	$T_{dd}=(4.18\times10^{-4}d+0.019)LK_i+2.85$
		$Ra3.2$	$T_{dd}=(5.94\times10^{-4}d+0.027)LK_i+3.9$
C525		$Ra25 \sim Ra12.5$	$T_{dd}=(2.5\times10^{-4}d+0.011)LK_i+2$
		$Ra6.3$	$T_{dd}=(4.1\times10^{-4}d+0.019)LK_i+3.35$
		$Ra3.2$	$T_{dd}=(6.1\times10^{-4}d+0.027)LK_i+4$
C512、C516	车锥面	$Ra6.3$	$T_{dd}=(3.8\times10^{-4}D+0.0035)LK_i+7.5$
		$Ra3.2$	$T_{dd}=(5.48\times10^{-4}D+0.0042)LK_i+7.8$
C525		$Ra6.3$	$T_{dd}=(5.0\times10^{-4}D+0.0042)LK_i+10.5$
		$Ra3.2$	$T_{dd}=(6.8\times10^{-4}D+0.0042)LK_i+11$
C512、C516	车直槽	$Ra25 \sim Ra12.5$	$T_{dd}=[(4.57\times10^{-4}D+0.0044)HK_i+2.4]Z$
C525		$Ra3.2$	$T_{dd}=[(5.48\times10^{-4}D+0.0055)HK_i+4.25]Z$
C512、C516	车 T 型槽	$Ra25 \sim Ra12.5$	$T_{dd}=[(1.3\times10^{-3}D+0.011)H+(2.1\times10^{-3}D+0.1)(b-B)]K_i+10.5$
C525		$Ra3.2$	$T_{dd}=[(1.5\times10^{-3}D+0.011)H+(2.5\times10^{-3}D+0.1)(b-B)]K_i+10.5$
C512、C516、C525	钻孔	$Ra6.3$	$T_{dd}=[1.2\times10^{-3}dL+9.0\times10^{-3}(L/d)^2]K_i+1.45$
	扩孔		$T_{dd}=1.2\times10^{-3}dLK_i+0.62$
	铰孔	$Ra3.2 \sim Ra1.6$	$T_{dd}=1.5\times10^{-3}dLK_i+0.68$
	车油槽	$Ra6.3$	$T_{dd}=8.5\times10^{-2}H(RD)^{0.25}K_i$
C512、C516、C525	倒直角	$Ra3.2$	$T_{dd}=1.5\times10^{-2}(HD)^{0.5}K_i$
C512、C516、C525	倒圆角	$Ra3.2$	$T_{dd}=1.8\times10^{-2}(RD)^{0.5}K_i$

4.3.3 VTC120 立式车床工步时间定额制定方法

VTC120 立式车床工步时间定额制定方法计算公式见表 3。

表 3

设备型号	工步		粗糙度	时间定额制定方法计算公式
VTC120	车端面	需确定工件原点	$Ra3.2$ ～ $Ra0.8$	$T_{dd}=(1.73\times10^{-4}D-0.0053)LK_i+2.45$
		不需确定工件原点		$T_{dd}=(3.2\times10^{-5}D+0.0415)LK_i+1.1$
	车内圆	需确定工件原点		$T_{dd}=(4.7\times10^{-5}d+0.0603)LK_i+3.862$
		不需确定工件原点		$T_{dd}=(2.2\times10^{-4}d+0.0046)LK_i+1.3$
	车锥面	需确定工件原点		$T_{dd}=(4.7\times10^{-5}D+0.0603)LK_i+3.032$
		不需确定工件原点		$T_{dd}=(1.8\times10^{-4}D+0.0058)LK_i+1.42$
	倒直角	需确定工件原点		$T_{dd}=4.5\times10^{-2}(HD)^{0.65}K_i+1.52$
		不需确定工件原点		$T_{dd}=1.5\times10^{-2}(HD)^{0.46}K_i+0.75$
	倒圆角	需确定工件原点		$T_{dd}=4.5\times10^{-2}(RD)^{0.65}K_i+1.42$
		不需确定工件原点		$T_{dd}=1.5\times10^{-2}(RD)^{0.46}K_i+0.62$
	车直槽	需确定工件原点		$T_{dd}=(2.1\times10^{-4}D+0.02048)HK_i+3.43$
		不需确定工件原点		$T_{dd}=(1.2\times10^{-4}D+0.003)HK_i+0.9$
	车外圆	需确定工件原点	$Ra6.3$ ～ $Ra3.2$	$T_{dd}=(1.27\times10^{-4}D+0.035)LK_i+1.76$
		不需确定工件原点		$T_{dd}=(3.27\times10^{-4}D+0.00085)HK_i+0.86$

4.3.4 C512、C516、C525 立式车床加工带轮槽工步时间定额制定方法

C512、C516、C525 立式车床加工带轮槽工步时间定额制定方法计算公式见表 4。

表 4

设备型号	工步	粗糙度	皮带型号	时间定额制定方法计算公式
C512、C516	车带轮槽	$Ra3.2$ ～ $Ra1.6$	B 型	$T_{dd}=[(2.25\times10^{-3}D+0.016)HK_i+3.68]Z$
			C 型	$T_{dd}=[(2.68\times10^{-3}D+0.023)HK_i+3.6]Z$
			D 型	$T_{dd}=[(3.16\times10^{-3}D+0.03)HK_i+3.6]Z$
C525			B 型	$T_{dd}=[(2.7\times10^{-3}D+0.016)HK_i+8.6]Z$
			C 型	$T_{dd}=[(3.14\times10^{-3}D+0.023)HK_i+8.6]Z$
			D 型	$T_{dd}=[(3.9\times10^{-3}D+0.03)HK_i+8.6]Z$

4.4 准备与结束时间

4.4.1 固定部分时间

固定部分时间的选用应符合表 5 的规定。

表 5

单位为工分

设备型号	C512、C516			C525			数控 VTC120
复杂程度	Ⅰ	Ⅱ	Ⅲ	Ⅰ	Ⅱ	Ⅲ	Ⅲ
T_{zjg}	42	52	64	53	63	75	95

注 1：固定部分工作内容指接受任务、清点材料、熟悉图纸、确定加工方法、调整机床、装卸工具、借还图纸和夹具刀具、首件检查、清理场地、擦拭机床、数控程序调试。

注 2：复杂程度Ⅰ指无形位公差，粗糙度 $Ra25$ 的粗加工零件。复杂程度Ⅱ指有形位公差，粗糙度 $Ra6.3$ 的半精加工零件。复杂程度Ⅲ指有两个以上形位公差，粗糙度 $Ra3.2$ 的精加工零件。

4.4.2 附加部分时间

附加部分时间的选用应符合表 6 的规定。

表 6

单位为工分

工作项目	工作内容	C512、C516	C525、数控 VTC120
调整四爪	拧丝杆使爪到位	8	12
	松开底座螺母，将底座四爪移到位	12	16
	松开底座螺母，将爪调向连底座，四爪移到位	20	24
准备压板螺栓装卸千斤顶或垫铁	底母放入 T 形槽，使用 2 个螺栓紧固，结束后拆卸	4	
	底母放入 T 形槽，使用 4 个螺栓紧固，结束后拆卸	6	
	底母放入 T 形槽，使用 6 个螺栓紧固，结束后拆卸	8	
装卸专用刀具	上刀杆，钻头，铰刀压紧卸下	6	8
装卸辅助测量工具	装上、压紧、卸下	5	
装卸刀架	卸下、装上、压紧		
刀架调整角度	松开紧固螺母，调整刀架角度，紧固，结束后复原		
装卸专用卡具校正	一般夹具的装卸、校正、夹紧	15	30
	复杂夹具的装卸、校正、夹紧	20	40

注：准备与结束时间附加部分中已包括需用压板螺栓、螺母等时间。

4.5 标准时间使用系数

4.5.1 装卸系数（K_1）

装卸系数（K_1）的选用应符合表 7 的规定。

表 7

设备型号	C512、C516	C525、数控 VTC120
K_1	1.0	1.2

4.5.2 工况系数（K_2）

工况系数（K_2）的选用应符合表 8 的规定。

表 8

设备型号	C512、C516			C525、数控 VTC120		
工步内容	内锥加工	凌空薄壁件加工	内孔槽加工	内锥加工	凌空薄壁件加工	内孔槽加工
K_2	1.1	1.2	1.3	1.2	1.3	1.4

4.5.3 材料系数（K_3）

材料系数（K_3）的选用应符合表 9 的规定。

表 9

材质	铜、铝	铸铁	45 号钢	锻件	铸钢、调质钢、合金钢
K_3	0.7	0.8	1.0	1.1	1.2
注：断续切削时 K_3=1.3。					

4.5.4 槽宽系数（K_4）

槽宽系数（K_4）的选用应符合表 10 的规定。

表 10

槽宽	$B<10$ mm	10 mm $\leqslant B<$ 20 mm	20 mm $\leqslant B<$ 30 mm	30 mm $\leqslant B \leqslant$ 40 mm
K_4	3	4	5	6

附　录　A
（资料性附录）
时间定额制定的方法

A.1　时间定额制定方法

时间定额制定方法见图 A.1。

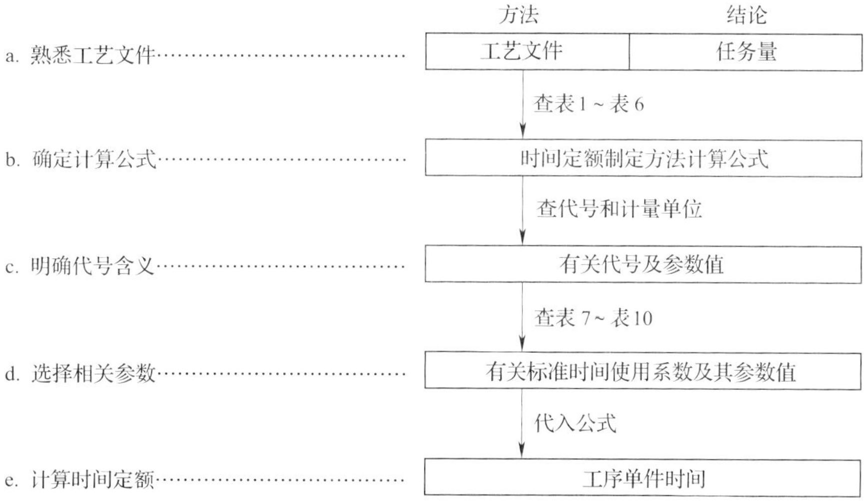

图 A.1

A.2　应用举例

A.2.1　轮心加工单件时间定额制定

如图 A.2 所示的车轮轮心模锻加工，加工设备为 C516 立式车床，车轮质量为 344 kg，加工批量 100 件，求单件时间定额（见表 A.1）。

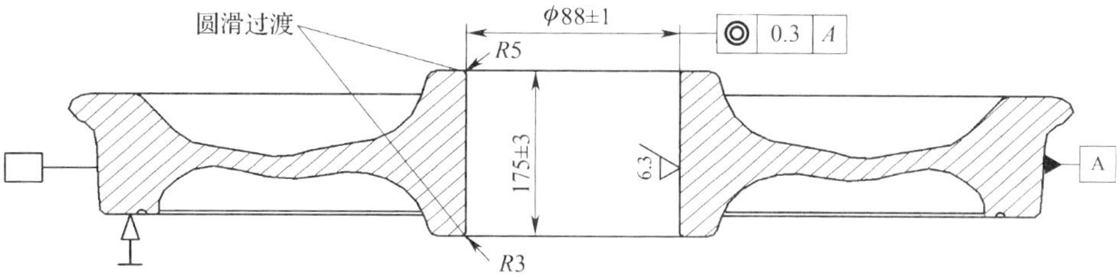

图 A.2

表 A.1

工步名称	技术要求	时间定额制定方法计算公式	时间定额 Mm
装卸	G=344 kg，K_1=1.0	$T_{zx}=0.834G^{0.21}K_i+0.8$	3.64
车内圆	d=188 mm，L=175 mm，K_3=1.1	$T_{dd}=(4.18\times10^{-4}d+0.019)LK_i+2.85$	21.63
车 $R3$	R=3 mm，D=188 mm，K_3=1.1	$T_{dd}=1.8\times10^{-2}(RD)^{0.5}K_i$	0.47
车 $R5$	R=5 mm，D=188 mm，K_3=1.1	$T_{dd}=1.8\times10^{-2}(RD)^{0.5}K_i$	0.61
准备与结束时间	N_P=100 件，T_{zjg}=52 Mm，T_{zjf}=44 Mm	$T_{zjj}=(T_{zjg}+T_{zjf})/N_P$	0.96
工序单件核算时间定额		$T_{dn}=T_{zjj}+\sum T_{dd}+T_{zx}$	27.31

A.2.2 轮毂孔加工单件时间定额制定

如图 A.3 所示的车轮轮毂孔加工，材质为铸钢，加工设备为数控 VTC120 立式车床，车轮质量为 350 kg，加工批量 50 件，求单件时间定额（见表 A.2）。

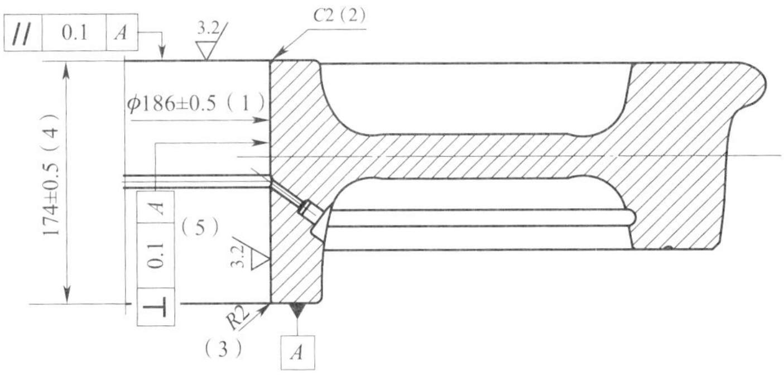

图 A.3

表 A.2

工步名称	技术要求	时间定额制定方法 计算公式	时间定额 Mm	备注
装卸	G=350 kg，K_1=1.2	$T_{zx}=0.415G^{0.48}K_i+0.1$	8.39	百分表校正
车内圆	d=186 mm，K_3=1.2，L=174 mm	$T_{dd}=(4.7\times10^{-5}d+0.0603)LK_i+3.862$	18.28	需确定工件原点
车 $C2$	D=186 mm，K_3=1.2，H=2 mm	$T_{dd}=1.5\times10^{-2}(HD)^{0.46}K_i+0.75$	1.02	不需确定工件原点
车 $R2$	D=186 mm，K_3=1.2，R=2 mm	$T_{dd}=4.5\times10^{-2}(RD)^{0.65}K_i+1.42$	3.95	需确定工件原点
车直槽	d=186 mm，K_3=1.2，K_4=3.0，H=1 mm	$T_{dd}=(2.1\times10^{-4}D+0.02048)HK_i+3.43$	3.64	需确定工件原点
准备与结束时间	N_P=50 件，T_{zjg}=95 Mm，T_{zjf}=65 Mm	$T_{zjj}=(T_{zjg}+T_{zjf})/N_P$	3.20	
单件时间定额		$T_{dn}=T_{zjj}+\sum T_{dd}+T_{zx}$	38.48	

ICS 03.100.30
A 02
备案号：71052—2020

LD

中华人民共和国劳动和劳动安全行业标准

LD/T 71.30—2019
代替 LD/T 71.30—2000

轨道交通装备制造业劳动定额 装配钳工加工

The work quota for the manufacturing industry of rail transit equipment assembly processing of fitters

2019-01-22 发布　　　　2019-02-01 实施

中华人民共和国人力资源和社会保障部　发布

目　次

211

前　言

本标准按 GB/T 1.1—2009《标准化工作导则 第1部分：标准的结构和编写》给出的规则起草。

本标准代替 LD/T 71.30—2000《铁路工业配件钳工劳动定额制定》。因行业名称的规范和工艺技术条件的进步、工艺技术水平的提升，将《铁路工业配件钳工劳动定额制定》修改为《轨道交通装备制造业劳动定额　装配钳工加工》方法标准。

与 LD/T 71.30—2000 相比，除编辑性修改外，主要技术变化如下：

——修改了范围（见第1章，2000年版的第1章）；

——修改了"引用标准"为"规范性引用文件"（见第2章，2000年版的第2章）；

——增加了代号 D_1、K_i、N、n、T_{dj}、T_{dn}（见第3章）；

——修改了"配件钳工加工时间定额的制定"为"装配钳工加工时间定额"（见第4章，2000版的第4章）；

——增加了"装配钳工加工工作内容""装配钳工加工工序单件时间定额的构成"（见4.1、4.2）；

——修改了表中表头"时间定额计算公式"为"时间定额制定方法计算公式"（见表1、表2，2000年版的表2、表3）；

——增加了"有实名制要求"的时间定额制定方法计算公式（见表1）；

——修改了时间定额制定方法计算公式（见表1、表2，2000年版的表2、表3）；

——修改了"提示的附录"为"资料性附录"（见附录A，2000年版的附录A）。

本标准由中华人民共和国人力资源和社会保障部提出。

本标准由全国劳动定额定员标准化技术委员会（SAC/TC 131）归口。

本标准起草单位：中国中车股份有限公司。

本标准主要起草人：崔亚男、李雷、杨宝魁、赵光利、吴跃境。

本标准历次版本发布情况为：LD/T 71.30—2000。

轨道交通装备制造业劳动定额　装配钳工加工

1　范围

本标准规定了轨道交通装备制造业装配钳工加工劳动定额的制定方法。

本标准适用于轨道交通装备制造业装配钳工加工劳动定额的制定与管理。

2　规范性引用文件

下列文件对于本文件的应用是必不可少的。凡是注日期的引用文件，仅所注日期的版本适用于本文件。凡是不注日期的引用文件，其最新版本（包括所有的修改单）适用于本文件。

GB/T 14002　劳动定员定额术语

GB/T 14163　工时消耗分类、代号和标准工时构成

LD/T 122　劳动定员定额标准的结构和编写规则

3　代号和计量单位

下列代号和计量单位适用于本文件。

B——宽度，工件宽度，单位为毫米（mm）；

D——被加工表面外圆公称直径，单位为毫米（mm）；

D_1——工件装配螺栓的直径，单位为毫米（mm）；

d——内径，被加工表面内孔公称直径，单位为毫米（mm）；

G——质量，工件质量，单位为千克（kg）；

h——厚度，压套压入深度，单位为毫米（mm）；

K_i——标准时间使用系数；

L——长度，被加工表面公称长度，单位为毫米（mm）；

N——螺栓个数，工件组装使用的螺栓数，单位为个；

n——钻孔的个数或一次钻孔的件数，单位为个、件；

R——被加工件外圆的半径，单位为毫米（mm）；

r——被加工件内圆的半径，单位为毫米（mm）；

T_{dd}——不完全单件时间，不包括装卸时间的作业时间以及应分摊的作业宽放时间和个人需要与休息宽放时间之和，单位为工分（Mm）；

T_{dj}——螺栓紧固核算时间，单位为工分（Mm）；

T_{dn}——完全单件时间，单位为工分（Mm）；

T_{zjj}——准备与结束时间，摊入单件的准备与结束时间，单位为工分（Mm）；

T_{zx}——装卸时间，装卸工件所消耗的时间，单位为工分（Mm）；

V——体积，工件体积，单位为立方毫米（mm^3）；

v_1——速度，油压机负载下行速度，单位为毫米每秒（mm/s）。

4 装配钳工加工时间定额

4.1 装配钳工加工工作内容

装配钳工加工是将零件进行组装、调整、试验的工艺过程，包括工件加工前的工艺、技术、设备、工夹量具的准备，工件检查、检测，工装的安装，根据工艺要求进行的工件组装加工，测量，工件组装完成后的卸下，全部产品完成后的工作地整理、清扫，借用刀具、工具等的归还。

4.2 装配钳工加工工序单件时间定额的构成

$$T_d = T_z + T_{zk} + T_{gxk}$$

式中：

T_d——工序单件时间；

T_z——作业时间，包含辅助时间；

T_{zk}——作业宽放时间；

T_{gxk}——个人需要与休息宽放时间。

4.3 装配钳工加工时间定额制定方法

4.3.1 装卸时间定额制定方法

装卸时间定额制定方法见表 1。

表 1

工序名称	使用设备	时间定额制定方法计算公式	
		无实名制要求	有实名制要求
手工攻丝	—	$T_{zx} = 0.52G^{0.5}K_i$	$T_{zx} = 1.2272G^{0.5}K_i$
手工套丝			
铰孔	台虎钳		
手锤压套	工作台		
油压机压套	油压机	$T_{zx} = 8.7\times10^{-2}G + 0.64$	
钻孔	台钻	$T_{zx}=4.704\times10^{-2}V^{0.22} + 0.2016$	
注：装卸包括准备料件、查对物料清单、检查工具情况、检查场地情况、完工后填写完工卡片。			

4.3.2 装配钳工加工工序时间定额制定方法

装配钳工加工工序时间定额制定方法见表 2。

表 2

工序名称	使用设备	时间定额制定方法计算公式
手工攻丝	台虎钳	$T_{dd} = [3.75\times10^{-3}L^{0.48}(d-12)^2 + 4.5\times10^{-2}L + 0.23]K_i$
手工套丝		$T_{dd} = [1.27\times10^{-3}L^{0.39}(d-13)^2 + 2.9\times10^{-2}L + 0.14]K_i$
手工铰孔		$T_{dd} = [7.0\times10^{-3}L^{0.33}(d-8)^2 + 5.37\times10^{-2}L + 1.05]K_i$
手锤压套	工作台	$T_{dd} = (6.248\times10^{-4}L+9.798\times10^{-3})D+4.686\times10^{-2}L+0.71$

表 2（续）

工序名称		使用设备	时间定额制定方法计算公式
油压机压套		油压机	$T_{dd}=3.56\times10^{-2}(DL)^{0.36}+1.88\times10^{-2}h/V_1$
修锉毛刺	直线	—	$T_{dd}=(2.7885\times10^{-3}L+0.6253)K_i$
	曲线		$T_{dd}=(2.24\times10^{-2}D^{0.88}+0.28)K_i$
手工研磨	方形端面		$T_{dd}=[(8.95\times10^{-2}B+0.0145)L+0.222B+10.504]K_i$
	圆形端面		$T_{dd}=(3.028\times10^{-3}R^2+10.428)K_i$
	环形端面		$T_{dd}=[3.028\times10^{-3}(R^2-r^2)+10.428]K_i$
划线钻孔		台钻	$T_{dd}=(7.062\times10^{-4}d+0.0030525)LK_i+0.2145$
钻模钻孔			$T_{dd}=(7.8752\times10^{-4}d+0.003404)LK_i+0.11$
注：标准时间使用系数 K_i 由各选用系数的乘积构成，即 $K_i=K_1\times K_2\cdots$。			

4.4 准备与结束时间

4.4.1 人力装配准备与结束时间

人力装配准备与结束时间选用应符合表 3 的规定。

表 3

单位为工分

工序名称		准备与结束时间
手工攻丝		3
手工套丝		
手工铰孔		4
手锤压套	Ⅰ	10
	Ⅱ	15
	Ⅲ	25
手工研磨		5
修锉毛刺		2
注：Ⅰ指批量数 50 及以下；Ⅱ指批量数 51 ～ 100 个；Ⅲ指批量数 100 个以上。		

4.4.2 油压机压套准备与结束时间

油压机压套准备与结束时间选用应符合表 4 规定。

表 4

单位为工分

<table>
<tr><th colspan="2">项目</th><th>准备与结束时间</th></tr>
<tr><td colspan="2">固定部分</td><td>7</td></tr>
<tr><td rowspan="4">附加部分</td><td>调试、磨合油压机</td><td>5</td></tr>
<tr><td>升降工作平台</td><td>1</td></tr>
<tr><td>整理平垫铁及压套辅助工具</td><td>2</td></tr>
<tr><td>整理压板螺钉</td><td>1</td></tr>
</table>

4.4.3 钻床钻孔准备与结束时间

钻床钻孔准备与结束时间选用应符合表 5 规定。

表 5

单位为工分

<table>
<tr><th colspan="2">项目</th><th>准备与结束时间</th></tr>
<tr><td colspan="2">固定部分</td><td>4</td></tr>
<tr><td rowspan="5">附加部分</td><td>调整皮带转速</td><td>1</td></tr>
<tr><td>整理压板螺钉</td><td>1</td></tr>
<tr><td>使用调整平垫铁</td><td>1</td></tr>
<tr><td>使用调整钻模</td><td>1</td></tr>
<tr><td>使用调整 V 型铁</td><td>1</td></tr>
</table>

4.5 标准时间使用系数

4.5.1 材料系数（K_1）

材料系数（K_1）的选用应符合表 6 的规定。

表 6

<table>
<tr><th>工序名称</th><th>材料系数</th><th>铸铁</th><th>球铁</th><th>铸钢</th><th>碳钢</th><th>调质铁</th><th>合金铁</th><th>铜</th><th>铝</th><th>粉末冶金</th><th>非金属</th><th>紫铜</th></tr>
<tr><td>手工攻丝、套丝</td><td rowspan="6">K_1</td><td rowspan="2">1.0</td><td rowspan="2" colspan="2">—</td><td rowspan="2">1.1</td><td>1.2</td><td>1.3</td><td>0.9</td><td>0.8</td><td colspan="2">—</td><td rowspan="3">—</td></tr>
<tr><td>铰孔</td><td>1.15</td><td>1.2</td><td colspan="4">—</td></tr>
<tr><td>油压机压套</td><td colspan="3">—</td><td colspan="3">0.8</td><td>1.0</td><td>—</td><td>0.7</td><td>—</td></tr>
<tr><td>修锉毛刺</td><td>1.0</td><td rowspan="2">—</td><td>1.2</td><td colspan="3">1.1</td><td colspan="2">0.9</td><td>—</td><td>0.8</td><td rowspan="2"></td></tr>
<tr><td>手工研磨</td><td>1.3</td><td>1.5</td><td colspan="3">—</td><td>1</td><td>0.7</td><td colspan="2">—</td></tr>
<tr><td>台钻钻孔</td><td>1</td><td>1.1</td><td>1.3</td><td>1.2</td><td colspan="2">1.4</td><td colspan="2">0.9</td><td>—</td><td>0.8</td><td>1.2</td></tr>
</table>

4.5.2　装卸系数（K_2）

装卸系数（K_2）的选用应符合表 7 规定。

表 7

<table>
<tr><th rowspan="2">工序名称</th><th rowspan="2">装卸系数</th><th rowspan="2">不紧固</th><th rowspan="2">台钳</th><th rowspan="2">模具胎具</th><th colspan="2">V 型铁</th><th rowspan="2">装卸质量</th></tr>
<tr><th>不紧固</th><th>紧固</th></tr>
<tr><td>手工攻丝、套丝、铰孔</td><td rowspan="3">K_2</td><td rowspan="2">1</td><td rowspan="2">1.1</td><td colspan="3" rowspan="2">—</td><td>—</td></tr>
<tr><td>手锤压套</td><td>1.2</td></tr>
<tr><td>台钻钻孔</td><td>0.4</td><td>0.9</td><td>1.3</td><td>0.4</td><td>0.7</td><td>—</td></tr>
</table>

4.5.3　修锉毛刺质量系数（K_3）

修锉毛刺质量系数（K_3）的选用应符合表 8 规定。

表 8

<table>
<tr><th colspan="2">质量
kg</th><th>$G \leqslant 0.3$</th><th>$0.3 < G \leqslant 1$</th><th>$1 < G \leqslant 1.5$</th><th>$1.5 < G \leqslant 2$</th><th>$2 < G \leqslant 2.5$</th><th>$2.5 < G \leqslant 3$</th></tr>
<tr><td rowspan="2">K_3</td><td>一次装卸</td><td>1.14</td><td>1.18</td><td>1.2</td><td>1.22</td><td>1.24</td><td>1.26</td></tr>
<tr><td>二次装卸</td><td>1.20</td><td>1.27</td><td>1.32</td><td>1.35</td><td>1.40</td><td>1.44</td></tr>
</table>

4.5.4　手工攻丝、套丝、铰孔工况系数（K_4）

手工攻丝、套丝、铰孔工况系数（K_4）的选用应符合表 9 规定。

表 9

<table>
<tr><th colspan="2">工序名称</th><th>工况系数</th><th>通孔</th><th>盲孔</th><th>现场
装配</th><th>回丝</th><th>二次
攻丝</th><th>标准
螺纹</th><th>细牙
螺纹</th><th>锥孔</th></tr>
<tr><td rowspan="3">手工
攻丝</td><td>复杂程度</td><td rowspan="5">K_4</td><td>1</td><td>1.25</td><td>1.2</td><td colspan="2">—</td><td colspan="3" rowspan="2">—</td></tr>
<tr><td>回丝、攻丝</td><td colspan="3" rowspan="2">—</td><td>1.07</td><td>0.65</td></tr>
<tr><td>螺纹种类</td><td colspan="2">—</td><td>1</td><td>0.9</td><td rowspan="2">—</td></tr>
<tr><td colspan="2">手工套丝</td><td rowspan="2">1</td><td>1.25</td><td rowspan="2">1.2</td><td colspan="4" rowspan="2">—</td></tr>
<tr><td colspan="2">铰孔</td><td>1.2</td><td>1.45</td></tr>
<tr><td colspan="11">注 1：需要回丝加工，方可选用回丝系数；
注 2：经机床一次攻丝，钳工进行二次攻丝时，选用二次攻丝系数。</td></tr>
</table>

4.5.5　铰孔粗糙度系数（K_5）

铰孔粗糙度系数（K_5）的选用应符合表 10 规定。

表 10

粗糙度	$Ra6.3 \sim Ra1.6$	$Ra0.8 \sim Ra0.2$
K_5	1	1.15

219

附　录　A
（资料性附录）
时间定额制定的方法

A.1　时间定额制定方法

时间定额制定方法见图 A.1。

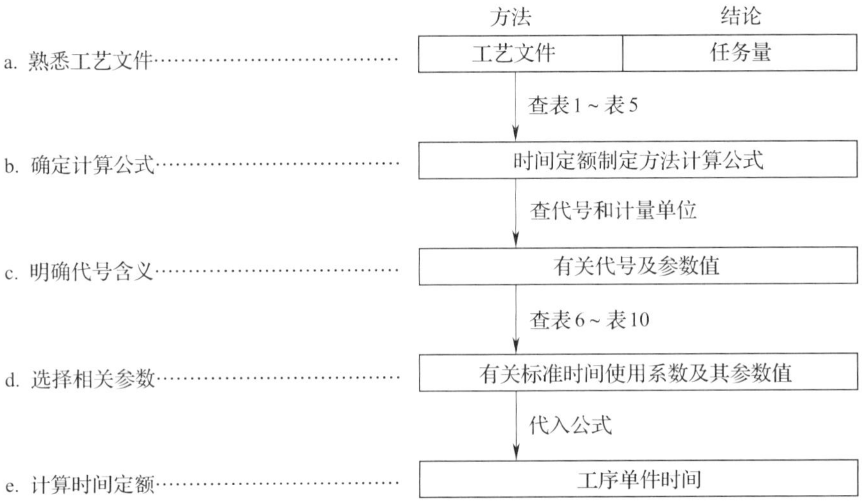

图 A.1

A.2　应用举例

钳工无实名手工攻丝，攻 M8、深度 L = 20 mm 的标准螺纹，材料材质为 45 号钢，台虎钳装夹，单件质量 G =0.4 kg，加工数量 10 件。求工序单件时间（见表 A.1）。

表 A.1

工序名称	技术要求	时间定额制定方法计算公式	时间定额 Mm
装卸	G =0.4 kg，K_2=1.10	$T_{zx}=0.52G^{0.5}K_i$	0.36
手工攻丝	d=8 mm，L =20 mm，K_1=1.10，K_4=1.25×1.07×1	$T_{dd}=[3.75\times10^{-3}L^{0.48}\times(d-12)^2+4.5\times10^{-2}L+0.23]K_i$	2.03
准备与结束时间	T_{zj}=3 Mm，N_p=10 件	$T_{zj}=T_{zj}/N_p$	0.30
合计			2.69

ICS 03.100.30
A 02
备案号：71053—2020

LD

中华人民共和国劳动和劳动安全行业标准

LD/T 71.31—2019
代替 LD/T 71.31—2000

轨道交通装备制造业劳动定额 机车车辆专用管道加工

The work quota for the manufacturing industry of rail transit equipment special pipe fitter making

2019-01-22 发布　　2019-02-01 实施

中华人民共和国人力资源和社会保障部　发布

目　次

前　言

本标准按GB/T 1.1—2009《标准化工作导则　第1部分：标准的结构和编写》给出的规则起草。

本标准代替LD/T 71.31—2000《铁路工业管道工劳动定额制定》。因行业名称的规范和工艺技术条件的进步、工艺技术水平的提升，将《铁路工业管道工劳动定额制定》修改为《轨道交通装备制造业劳动定额　机车车辆专用管道加工》方法标准。

与LD/T 71.31—2000相比，除编辑性修改外，主要技术变化如下：

——修改了“范围”（见第1章，2000年版的第1章）；

——修改了“引用标准”为“规范性引用文件”（见第2章，2000年版的第2章）；

——增加了代号“d、K_i、N_p、n_1”（见第3章）；

——修改了“管道工时间定额的制定”为“机车车辆专用管道加工时间定额”（见第4章，2000年版的第4章）；

——增加了“机车车辆专用管道加工工作内容”（见4.1）；

——增加了“机车车辆专用管道加工工序单件时间定额的构成”（见4.2）；

——修改了“管道工时间定额的制定”为“机车车辆专用管道加工时间定额制定方法”（见4.3，2000年版的4.1）；

——修改了表头“时间定额计算公式”为“时间定额制定方法计算公式”（见表1～表6，2000年版的表2）；

——增加了“MC-315AC金属圆锯床”和“CA6140车床”的管件下料工序时间定额制定方法计算公式（见4.3.1）；

——增加了“KM-CNC38C2R4A数控弯管机”的管件煨制工序时间定额制定方法计算公式（见4.3.3）；

——增加了“管件端面处理”“管件后切”“管件清洁”工序时间定额制定方法（见4.3.2，4.3.5，4.3.6）；

——修改了“准备与结束时间定额的规定”为“准备与结束时间”，增加了“端面处理”“管件后切”“清洁入库”准备与结束时间（见4.4，2000年版的4.2）；

——增加了“管件管径系数”（见4.5.6）；

——修改了“提示的附录”为“资料性附录”（见附录A，2000年版的附录A）；

——修改了“时间定额计算公式”为“时间定额制定方法计算公式”（见图A1，2000年版的图A1）；

——修改了A.2.1（见A.2.1，2000年版的A2）；

——增加了A.2.2（见A.2.2）。

本标准由中华人民共和国人力资源和社会保障部提出。

本标准由全国劳动定额定员标准化技术委员会（SAC/TC 131）归口。

本标准起草单位：中国中车股份有限公司。

本标准主要起草人：尹正乾、曹伟、刘文斌、曾小雄、杨欢。

本标准历次版本发布情况为：LD/T 71.31—2000。

轨道交通装备制造业劳动定额 机车车辆专用管道加工

1 范围

本标准规定了轨道交通装备制造业机车车辆专用管道加工劳动定额的制定方法。

本标准适用于轨道交通装备制造业机车车辆专用管道加工劳动定额的制定与管理。

2 规范性引用文件

下列文件对于本文件的应用是必不可少的。凡是注日期的引用文件，仅所注日期的版本适用于本文件。凡是不注日期的引用文件，其最新版本（包括所有的修改单）适用于本文件。

GB/T 14002 劳动定员定额术语

GB/T 14163 工时消耗分类、代号和标准工时构成

LD/T 122 劳动定员定额标准的结构和编写规则

3 代号和计量单位

下列符号和计量单位适用于本文件。

D——外径，单位为毫米（mm）；

d——内径，单位为毫米（mm）；

K_i——标准时间使用系数；

L——长度，单位为毫米（mm）；

N——弯数，单位为个；

N_p——批量加工数，单位为件；

n_1——管道清洁枪发射清洁射弹的次数，单位为次；

T_{zjj}——准备与结束时间，单位为工分（Mm）；

α——角度，单位为度（°）。

4 机车车辆专用管道加工时间定额

4.1 机车车辆专用管道加工工作内容

管道加工是指对管件进行下料、端面处理、煨制、套丝、后切、清洁入库等工艺过程，包括工件加工前的工艺、技术、设备、工夹量具和刀具的准备，清扫管件，工件装夹、找正，刀具、工装的安装，根据工艺要求进行的下料、端面处理、煨制、套丝、后切、清洁入库等，工件加工完成后的卸下，全部产品加工完成后的工作场地整理、清扫等，借用工具、工装、胎模具等的归还。

4.2 机车车辆专用管道加工工序单件时间定额的构成

$$T_d = T_z + T_{zk} + T_{gxk}$$

式中：

T_d——工序单件时间；

T_z——作业时间，包含辅助时间；

T_{zk}——作业宽放时间；

T_{gxk}——个人需要与休息宽放时间。

4.3 机车车辆专用管道加工时间定额制定方法

4.3.1 管件下料工序时间定额制定方法

管件下料工序时间定额制定方法见表 1。

表 1

工序名称	设备型号及名称	时间定额制定方法计算公式
管件下料	φ250 金属带锯床	$T_d=(0.01393D+0.96)K_i$
	φ300 液压弓锯床	$T_d=(0.04179D+2.88)K_i$
	MC-315AC 金属圆锯床	$T_d=(0.000125L+0.63207)K_6+(0.000025L+0.178102)/N_p$
	CA6140 车床	$T_d=2.1\times10^{-2}[L\times(D-d)]^{0.5}K_i+0.26$

注 1：车床下料时间定额制定方法计算公式参考《轨道交通装备制造业　车床加工劳动定额》中车床“切断（空心）”的计算公式。

注 2：管件下料工序内容包括取料、确定下料尺寸、划线、切割管子、自检。

4.3.2 管件端面处理工序时间定额制定方法

管件端面处理工序时间定额制定方法见表 2。

表 2

工序名称	设备型号及名称	时间定额制定方法计算公式
管件端面处理	JC-60SA 端面倒角机	$T_d=0.009158D+0.09667$

注：管件端面处理工序内容包括管件端面去毛刺处理和高压风吹扫。

4.3.3 管件煨制工序时间定额制定方法

管件煨制工序时间定额制定方法见表 3。

表 3

工序名称	设备型号及名称	时间定额制定方法计算公式
管件煨制	φ14 ～ φ114 煨管机	$T_d=(0.04858D+0.5843)K_iN$
	KM-CNC38C2R4A 数控弯管机	$T_d=(0.002475D-0.01125)\times(0.0095L+8.3349N+26.5059)+(0.000045L+0.215618N+0.861008)/N_p$

注 1：当采用 φ14 ～ φ114 煨管机时，N 仅适用于相同角度时的多弯煨制，煨制角度不同时则应按另一工序计算。

注 2：管件煨制工序内容包括调整胎模具、核实管件规格尺寸、校对样件、冷煨弯及尺寸自检。

4.3.4 管件套丝工序时间定额制定方法

管件套丝工序时间定额制定方法见表4。

表4

工序名称	设备型号及名称	时间定额制定方法计算公式
管件套丝	(3/8″)～4″套丝机	T_d=(0.06847D+1.0146)K_i
注:管件套丝工序内容包括核实管件规格尺寸、调整套丝刀、套丝、去毛刺及尺寸自检。		

4.3.5 管件后切工序时间定额制定方法

管件后切工序时间定额制定方法见表5。

表5

工序名称	设备型号及名称	时间定额制定方法计算公式
管件后切	MC-315AC金属圆锯床	T_d=0.01244D+0.2036
注:管件后切工序内容包括管件煨制后的管件尾料切除、端面处理。		

4.3.6 管件清洁工序时间定额制定方法

管件清洁工序时间定额制定方法见表6。

表6

工序名称	设备型号及名称	时间定额制定方法计算公式
管件清洁	AM-2管道清洁枪	T_d=0.4624n_1+1.1138/N_p
注:管件清洁工序内容包括使用专用清洁射弹清洁管件内壁,清洁后使用专用管堵进行封堵。		

4.4 准备与结束时间

准备与结束时间的选用应符合表7的规定。

表7

单位为工分

工作内容	管件下料	端面处理	管件煨制	管件后切	管件套丝	清洁入库
准备与结束时间	10	9	14	12	12	15

4.5 标准时间使用系数

4.5.1 管件长度系数(K_1)

管件长度系数(K_1)的选用应符合表8的规定。

表 8

管件长度		系数		
		下料	煨制	套丝
K_1	$L \leqslant 500$ mm	0.90	1.10	0.90
	500 mm $< L \leqslant$ 1000 mm	0.90	1.00	1.00
	1000 mm $< L \leqslant$ 2000 mm	1.00	1.10	1.20
	$L >$ 2000 mm	1.10	1.20	1.30

4.5.2 管件煨制角度系数(K_2)

管件煨制角度系数(K_2)的选用应符合表 9 的规定。

表 9

管件煨制角度	$\alpha \leqslant 60°$	$60° < \alpha \leqslant 90°$	$90° < \alpha \leqslant 120°$	$\alpha > 120°$
K_2	1.30	1.20	1.10	1.00

4.5.3 管件煨制复杂程度系数(K_3)

管件煨制复杂程度系数(K_3)的选用符合表 10 的规定。

表 10

复杂程度	简单	一般	复杂
K_3	1.00	1.10	1.30
注:简单指煨制一个弯的管件;一般指煨制两个弯及以上且各弯在一个平面上的管件;复杂指煨制两个弯及以上且各弯不在一个平面上的管件。			

4.5.4 管件煨制批量系数(K_4)

管件煨制批量系数(K_4)的选用应符合表 11 的规定。

表 11

煨制批量	1 件～20 件	21 件～50 件	51 件～100 件	100 件以上
K_4	1.30	1.20	1.10	1.00

4.5.5 管件材质系数(K_5)

管件材质系数(K_5)的选用应符合表 12 的规定。

表 12

材质	钢管	铜管
K_5	1.00	0.80

4.5.6 管件管径系数（K_6）

管件管径系数（K_6）的选用应符合表13的规定。

表13

管径	$D < 22$ mm	$D \geq 22$ mm
K_6	1.00	1.50

附 录 A
（资料性附录）
时间定额制定的方法

A.1 时间定额制定方法

时间定额制定方法见图 A.1。

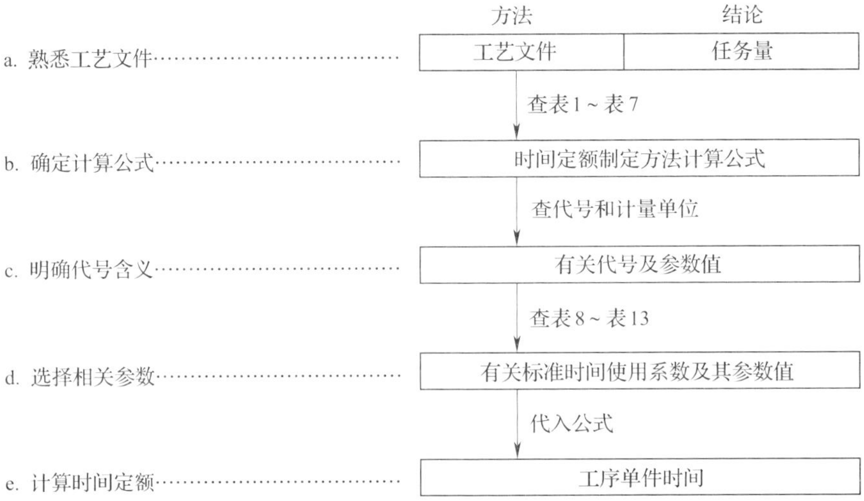

图 A.1

A.2 应用举例

A.2.1 某配管工段利用 ϕ48 mm 无缝钢管加工东风 4B 型内燃机车用管件一批（见图 A.2），管件长度为 2350 mm。管件批量为 30 件。求工序单件时间（见表 A.1）。工艺要求：

- 带锯床下料；
- 管件两端套丝；
- 煨制两个弯（均为 90°）；
- 使用清洁子弹清洁管子内壁 3 次。

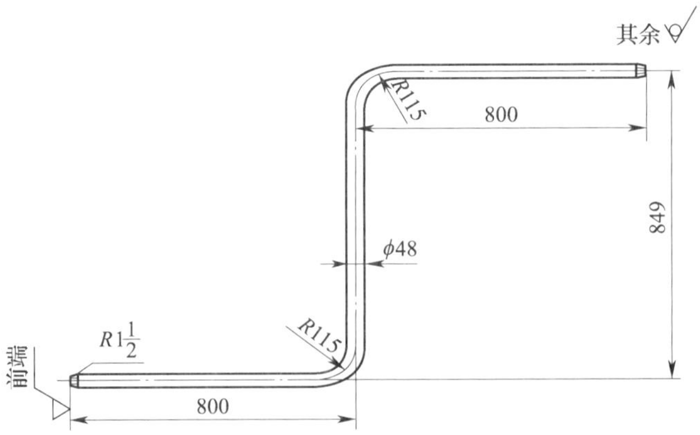

图 A.2

表 A.1

工序名称	技术要求	时间定额制定方法计算公式	时间定额 Mm
管件下料	D=48 mm，K_1=1.10，K_5=1.00	T_d=（0.01393D+0.96）K_i	1.79
准备与结束时间	T_{zj}=10 Mm，N_p=30 件	T_{zjj}=T_{zj}/N_p	0.33
管件套丝（一端）	D=48 mm，K_1=1.30，K_5=1.00	T_d=（0.06847D+1.0146）K_i	5.59
准备与结束时间	T_{zj}=12 Mm，N_p=30 件	T_{zjj}=T_{zj}/N_p	0.40
管件套丝（另一端）	D=48 mm，K_1=1.30，K_5=1.00	T_d=（0.06847D+1.0146）K_i	5.59
准备与结束时间	T_{zj}=12 Mm，N_p=30 件	T_{zjj}=T_{zj}/N_p	0.40
管件煨制	D=48 mm，N=2 个，K_1=1.20，K_2=1.20，K_3=1.10，K_4=1.20，K_5=1.00	T_d=（0.04858D+0.5843）K_iN	11.09
准备与结束时间	T_{zj}=14 Mm，N_p=30 件	T_{zjj}=T_{zj}/N_p	0.47
清洁入库	n_1=3 次，N_p=30 件	T_d=0.4624n_1+1.1138/N_p	1.42
准备与结束时间	T_{zj}=15 Mm，N_p=30 件	T_{zjj}=T_{zj}/N_p	0.50
工件单件时间	—	—	27.58

A.2.2　某配管工段利用 ϕ28 mm 无缝钢管加工 HXD1D 机车用管件一批（见图 A.3），管件长度为 1820 mm。管件批量为 30 件。求工序单件时间（见表 A.2）。工艺要求：

- 金属圆锯床下料；
- 端面去毛刺处理；
- 数控弯管机弯制两个弯（均为 90°）；
- 后端切除 100 mm；
- 切除后端面去毛刺处理；
- 使用清洁子弹清理管件内壁 3 次。

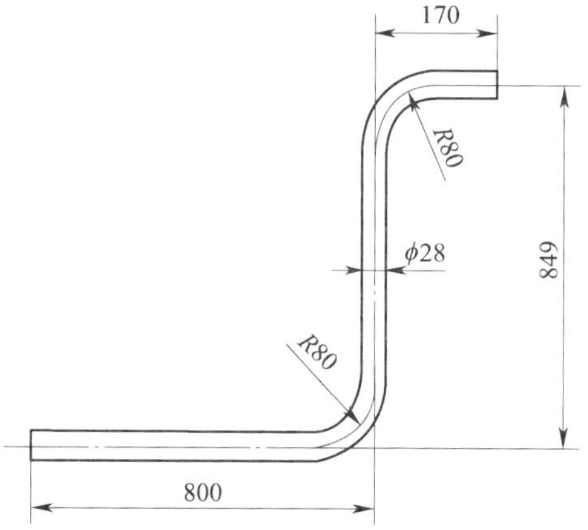

图 A.3

表 A.2

工序名称	技术要求	时间定额制定方法计算公式	时间定额 Mm
管件下料	K_6=1.50，L=1820 mm，N_p=30 件	T_d=（0.000125L+0.63207）K_6+（0.000025L+0.178102）/N_p	1.30
准备与结束时间	T_{zj}=10 Mm，N_p=30 件	$T_{zjj}=T_{zj}/N_p$	0.33
管件端面处理	D=28 mm	T_d=0.009158D+0.09667	0.35
准备与结束时间	T_{zj}=9 Mm，N_p=30 件	$T_{zjj}=T_{zj}/N_p$	0.30
管件煨制	D=28 mm，N=2 个，L=1820 mm，N_p=30	T_d=（0.002475D-0.01125）×（0.0095L+8.3349N+26.5059）+（0.000045L+0.215618N+0.861008）/N_p	3.56
准备与结束时间	T_{zj}=14 Mm，N_p=30 件	$T_{zjj}=T_{zj}/N_p$	0.47
管件后切	D=28 mm	T_d=0.01244D+0.2036	0.55
准备与结束时间	T_{zj}=12 Mm，N_p=30 件	$T_{zjj}=T_{zj}/N_p$	0.40
管件端面处理	D=28 mm	T_d=0.009158D+0.09667	0.35
准备与结束时间	T_{zj}=9 Mm，N_p=30 件	$T_{zjj}=T_{zj}/N_p$	0.30
管件清洁	n_1=3 次，N_p=30 件	T_d=0.4624n_1+1.1138/N_p	1.42
准备与结束时间	T_{zj}=15 Mm，N_p=30 件	$T_{zjj}=T_{zj}/N_p$	0.50
工件单件时间	—	—	9.83

ICS 03.100.30
A 02
备案号：71054—2020

LD

中华人民共和国劳动和劳动安全行业标准

LD/T 71.32—2019
代替 LD/T 71.32—2000

轨道交通装备制造业劳动定额 机车电器组装

The work quota for the manufacturing industry of rail transit equipment electrical appliance assembly of locomotive

2019-01-22 发布 2019-02-01 实施

中华人民共和国人力资源和社会保障部 发布

目　　次

前　言

本标准按 GB/T 1.1—2009《标准化工作导则　第1部分：标准的结构和编写》给出的规则起草。

本标准代替 LD/T 71.32—2000《铁路工业机车电工劳动定额制定》。因行业名称的规范和工艺技术条件的进步、工艺技术水平的提升，将《铁路工业机车电工劳动定额制定》修改为《轨道交通装备制造业劳动定额　机车电器组装》方法标准。

与 LD/T 71.32—2000 相比，除编辑性修改外，主要技术变化如下：

——修改了范围（见第1章，2000版的第1章）；

——修改了“引用标准”为“规范性引用文件”（见第2章，2000年版的第2章）；

——修改了 L_1、L_2、L_3、L_4 为 L，N_1、N_2、N_3、N_4 为 N，N_5 为 n（见第3章，2000年版的第3章）；

——增加了代号“K_i”（见第3章）；

——删除了代号 K_z、W（见2000年版的第3章）；

——修改了“机车电工时间定额的制定”为“机车电器组装时间定额”（见第4章，2000年版第4章）；

——增加了“工序单件核算时间的构成”（见4.1）；

——修改了“时间定额的制定”为“时间定额制定方法”（见4.2.1～4.2.15，2000年版的4.1～4.14）；

——修改了表头“时间定额计算公式”为“时间定额制定方法计算公式”（见表1～表15，2000年版的表2～表15）；

——增加了“下线机下线”时间定额制定方法计算公式（见4.2.1）；

——修改了“手工剥线钳”和“手工刀片”的线规横截面积“2.5”为“6”（见4.2.2，2000年版的4.2）；

——修改了“剥线头工序”“焊接头工序”“接线工序”“电器设备安装工序”时间定额制定方法计算公式（见4.2.2，4.2.5，4.2.9，4.2.12，2000年版的4.2，4.4，4.8，4.10）；

——增加了“套热缩管、焊锡管工序时间定额制定方法”（见4.2.3）；

——修改了“风动压头机”为“气动压接钳”“油压压头机”为“液压钳”（见4.2.4，2000年版的4.3）；

——修改了“机车照明灯线路布线”为“机车照明灯线路安装工序”（见4.2.10，2000年版的4.11）；

——修改了“机车电工准备与结束时间定额的规定”为“准备与结束时间”，将“下线工序的准备与结束时间”细化为两项，增加了“套热缩管、焊锡管工序的准备与结束时间”（见4.3，2000年版的4.15）；

——增加了“剥线头系数”（见4.4.1）；

——修改了“电器设备安装系数”为“安装螺栓系数”（见4.4.9，2000年版的5.7）；

——修改了“螺栓规格”（见表25，2000年版的表24）；

——修改了“手工”为“普通扳手、套筒”（见表25，2000年版的表24）；

——删除了“附录A”，将“附录B”修改为“附录A”（见附录A，2000年版的附录A、附录B）；

——修改了“提示的附录”为“资料性附录”（见附录A，2000年版的附录B）；

——修改了“时间定额计算公式”为“时间定额制定方法计算公式”（见图A.1，2000年版的图B.1）；

——删除了“焊接头、布线、接线、铜母排搪锡”时间定额制定的应用举例（见2000年版的B.2）；

——修改了下线工序时间定额制定、剥线头工序时间定额制定的应用举例（见A.2.1，A.2.2，2000年版的B.2）。

本标准由中华人民共和国人力资源和社会保障部提出。

本标准由全国劳动定额定员标准化技术委员会（SAC/TC 131）归口。

本标准起草单位：中国中车股份有限公司。

本标准主要起草人：马立军、尹丽娜、张磊、吴征远、王帅。

本标准历次版本发布情况为：LD/T 71.32—2000。

轨道交通装备制造业劳动定额　机车电器组装

1　范围

本标准规定了轨道交通装备制造业机车电器组装劳动定额的制定方法。

本标准适用于轨道交通装备制造业机车电机、电器制造修理劳动定额的制定与管理。

2　规范性引用文件

下列文件对于本文件的应用是必不可少的。凡是注日期的引用文件，仅所注日期的版本适用于本文件。凡是不注日期的引用文件，其最新版本（包括所有的修改单）适用于本文件。

GB/T 14002　劳动定员定额术语

GB/T 14163　工时消耗分类、代号和标准工时构成

LD/T 122　劳动定员定额标准的结构和编写规则

3　代号和计量单位

下列代号和计量单位适用于本文件。

B——宽度，单位为米（m）；

G——质量，单位为千克（kg）；

H——厚度，单位为米（m）；

K_i——标准时间使用系数；

L——长度，单位为米（m）；

N——数量，单位为头、个；

n——绝缘套管数量，单位为个；

S——导线横截面积，单位为平方毫米（mm^2）。

4　机车电器组装时间定额

4.1　工序单件核算时间的构成

$$T_{dh}=T_d+T_{zj}/N_p$$

式中：

T_{dh}——工序单件核算时间；

T_d——工序单件时间；

T_{zj}——准备与结束时间；

N_p——加工批量。

4.2　机车电器组装时间定额制定方法

4.2.1　下线工序时间定额制定方法

下线工序时间定额制定方法见表 1。

表 1

工序名称	时间定额制定方法计算公式
手工下线	$T_d=(5.2\times10^{-4}S+0.24)L+6.85\times10^{-3}S+0.5$
下线机下线	$T_d=[(5.2\times10^{-4}S+0.24)L+6.85\times10^{-3}S+0.5]\times0.5$
注 1：下线工序工作内容包括放线、量线、剪切、套线号标牌、收线、存放等工步。 注 2：L 指被加工导线长度。	

4.2.2 剥线头工序时间定额制定方法

剥线头工序时间定额制定方法见表 2。

表 2

工序名称	工具种类	时间定额制定方法计算公式
剥线头 $S\leqslant6\ \text{mm}^2$	手工剥线钳（AF-2）	$T_d=(0.11N+0.2)K_1$
剥线头 $S>6\ \text{mm}^2$	手工刀片	$T_d=(0.079S^{0.55}+0.2)K_1$
注 1：剥线头工序工作内容包括量线头、切开绝缘层及保护层、绝缘层及保护层剥离、线头绝缘层整理。 注 2：N 指被加工导线的头数。		

4.2.3 套热缩管、焊锡管工序时间定额制定方法

套热缩管、焊锡管工序时间定额制定方法见表 3。

表 3

工序名称	时间定额制定方法计算公式
套热缩管	$T_d=0.357S^{0.5}+0.36$
焊锡管	$T_d=0.68S^{0.6}+1.8$

4.2.4 压接头工序时间定额制定方法

压接头工序时间定额制定方法见表 4。

表 4

工序名称	使用工具	时间定额制定方法计算公式
压接头 $S\leqslant6\ \text{mm}^2$	手工压线钳	$T_d=0.062S+0.15$
压接头 $6\ \text{mm}^2<S\leqslant16\ \text{mm}^2$	气动压接钳	$T_d=0.032S+0.25$
压接头 $S>16\ \text{mm}^2$	液压钳	$T_d=0.0042S+0.5$
注 1：在机车上压接头时需乘以 1.5。 注 2：压接头工序工作内容包括线头整理、接头压制、标牌整理。		

4.2.5 焊接头工序时间定额制定方法

焊接头工序时间定额制定方法见表5。

表5

工序名称	加工内容	时间定额制定方法计算公式
焊接头	手工剪切线头	$T_d=0.12N+0.08$
	线头插孔上锡焊接	$T_d=0.89N+0.28$
注1：焊接头工序时间定额制定方法计算公式适用于 $S \leqslant 2.5\ \mathrm{mm}^2$ 的导线使用。 注2：焊接头工序工作内容包括导线线头上锡、插头孔上锡、线头剪齐、电烙铁预热、导线焊接。 注3：N 指被加工导线的头数。		

4.2.6 插线芯工序时间定额制定方法

插线芯工序时间定额制定方法见表6。

表6

工序名称	时间定额制定方法计算公式
插线芯	$T_d=0.26N+0.3$
注1：插线芯工序工作内容包括线芯插入插座、扎锁紧带。 注2：N 指被加工导线的头数。	

4.2.7 胶皮垫下料工序时间定额制定方法

胶皮垫下料工序时间定额制定方法见表7。

表7

工序名称	加工内容	时间定额制定方法计算公式
胶皮垫下料	开卷、划线	$T_d=0.2L+0.24$
	剪切、整理、收卷	$T_d=1.23L^{0.47}K_2+0.6$
注：L 指剪切胶皮及绝缘材料的长度。		

4.2.8 布线工序时间定额制定方法

布线工序时间定额制定方法见表8。

4.2.9 接线工序时间定额制定方法

接线工序时间定额制定方法见表9。

4.2.10 机车照明灯线路安装工序时间定额制定方法

机车照明灯线路安装工序时间定额制定方法见表10。

表 8

工序名称	导线截面积 mm^2	时间定额制定方法计算公式
布线	$S \geqslant 70$	$T_d=(0.012S+0.44)L^{0.65}K_3+0.95$
	$S < 70$	$T_d=(0.011S+0.24)LN^{0.47}K_3+0.55$
注 1：布线工序工作内容包括导线放线、包扎、导线整理、线号标牌整理。 注 2：L 指导线长度，N 指孔的数量。		

表 9

工序名称	导线截面积 mm^2	时间定额制定方法计算公式
接线	$S \geqslant 120$	$T_d=0.615S^{0.42}+0.35$
	$S < 120$	$T_d=0.41S^{0.42}+0.35$
注：接线工序工作内容包括导线检查、线号标牌整理、导线与连线柱连接、螺母紧固、导线整理、包扎。		

表 10

工序名称	时间定额制定方法计算公式
包扎线杆	$T_d=1.32L+0.18$
装绝缘套管	$T_d=0.55n+0.15$
导线放线	$T_d=0.32L+0.12$
包蛇形管	$T_d=2.48L+0.28$
注 1：机车照明灯线路安装工序工作内容包括绝缘套管的安装、塑料带包扎线杆、放线、导线包蛇形管、导线包扎。 注 2：L 指导线长度或被导线穿过的线管的长度及扎线杆的长度。	

4.2.11 铜母排加工工序时间定额制定方法

铜母排加工工序时间定额制定方法见表 11。

表 11

工序名称	时间定额制定方法计算公式
铜母排下料	$T_d=1.0\times10^3(HB)^{0.68}L^{0.94}K_4+1.43$
铜母排调平、调直	$T_d=1.394\times10^3(HB)^{0.85}L^{0.72}+0.36$
铜母排弯制	$T_d=0.275L+4.785(HB)^{0.15}K_5+0.23$

表 11（续）

工序名称	时间定额制定方法计算公式
铜母排打字	T_d=0.28N+0.12
铜母排搪锡	T_d=(1.423×$10^2$$HB$+0.24)$LK_6$+1.74
铜母排安装	T_d=3.48K_7+1.75N+3.41n+1.6

注 1：铜母排加工工序工作内容：
- 铜母排下料，包括铜母排的开卷、划线、剪切、整理；
- 铜母排调平、调直，包括操作者在调平台上，用木锤或铜母排本身的质量，将铜母排调平、调直；
- 铜母排弯制，包括划线、弯制、角度调整；
- 铜母排打字，包括打字、校验；
- 铜母排搪锡，包括铜母排清洗、搪锡、冷却；
- 铜母排安装，包括线卡安装、铜母排连接、安装螺栓紧固。

注 2：L 指铜母排长度或搪锡长度，N 指在铜母排上打字的个数或螺栓个数。

4.2.12　电器设备安装工序时间定额制定方法

电器设备安装工序时间定额制定方法见表 12。

表 12

工序名称	工作方式	时间定额制定方法计算公式
电器设备安装	不需天车配合	T_d=(0.62LK_9+0.2)NK_8+0.5
	需要天车配合	T_d=(1.5LK_9+0.5)N+2.5

注 1：电器设备安装工序工作内容包括设备吊运、设备校正、螺栓对位和紧固。

注 2：N 指螺栓个数，L 指螺栓的紧固长度，单位为毫米（mm）。

4.2.13　软连线制作工序时间定额制定方法

软连线制作工序时间定额制定方法见表 13。

表 13

工序名称	时间定额制定方法计算公式
软连线制作	T_d=(0.226S+1.1)L+0.065S+1.2

注：软连线制作工序工作内容包括开卷、量线、剪切、接头压制、接头冲孔、孔边去毛刺。

4.2.14　插头插座连接工序时间定额制定方法

插头插座连接工序时间定额制定方法见表 14。

表 14

工序名称	时间定额制定方法计算公式
插头插座连接	T_d=21.7L+7.4
注 1:插头插座连接工序工作内容包括插头芯的检查、插头与插座的连接、导线整理、蛇形管的包扎。 注 2:L 指被导线穿过的线管的长度。	

4.2.15 机车仪表安装工序时间定额制定方法

机车仪表安装工序时间定额制定方法见表 15。

表 15

工序名称	时间定额制定方法计算公式
机车仪表安装	T_d=11.31N+2.1
注 1:机车仪表安装工序工作内容包括按工艺卡片要求将仪表安装在指定的仪表板上。 注 2:N 指安装电器设备的螺栓个数。	

4.3 准备与结束时间

准备与结束时间的选用应符合表 16 的规定。

表 16

工序名称		准备与结束时间 Mm	工序名称	准备与结束时间 Mm
下线	需要天车吊运	25	铜母排下料	15
	不需要天车吊运	10	铜母排调平调直	15
剥线头		8	铜母排弯制	20
套热缩管、焊锡管		10	铜母排打字	10
压接头		18	铜母排搪锡	20
焊接头		26	铜母排安装	30
插线芯		30	电器设备安装	12
胶皮垫下料	划线	8	机车照明灯线路安装	15
	剪切	12	软连线制作	25
布线		40	插头插座连接	8
接线		8	机车仪表安装	15

4.4 标准时间使用系数

4.4.1 剥线头系数(K_1)

剥线头系数(K_1)的选用应符合表 17 的规定。

表 17

剥线头系数	普通导线	导线具有屏蔽层	导线剥线头超过 200 头	绝缘层是软橡胶
K_1	1.00	1.23	1.50	0.60

4.4.2 胶皮垫下料系数（K_2）

胶皮垫下料系数（K_2）的选用应符合表 18 的规定。

表 18

胶皮厚度	$H \leqslant 2$ mm	2 mm $< H \leqslant$ 3 mm	3 mm $< H \leqslant$ 4 mm	4 mm $< H \leqslant$ 5 mm	$H >$ 5 mm
K_2	1.00	1.60	2.00	2.80	4.00

4.4.3 布线系数（K_3）

布线系数（K_3）的选用应符合表 19 的规定。

表 19

工作物名称	穿孔数		直线管		弯线管		车顶
适用范围	$N <$ 2 个	$N \geqslant$ 2 个	$L <$ 1.0 m	$L \geqslant$ 1.0 m	$L <$ 1.0 m	$L \geqslant$ 1.0 m	—
K_3	1.00	1.30	1.40	1.50	1.60	1.80	1.40

4.4.4 铜母排下料系数（K_4）

铜母排下料系数（K_4）的选用应符合表 20 的规定。

表 20

下料厚度		$H \leqslant$ 3 mm	3 mm $< H \leqslant$ 5 mm	5 mm $< H \leqslant$ 8 mm	$H >$ 8 mm
K_4	$L \leqslant$ 2 m	1.289	1.372	1.481	1.554
	2 m $< L \leqslant$ 4 m	1.433	1.467	1.544	1.748
	$L >$ 4 m	1.518	1.620	1.672	1.809

4.4.5 铜母排弯制系数（K_5）

铜母排弯制系数（K_5）的选用应符合表 21 的规定。

表 21

弯制方式			直弯	横弯	扭弯
K_5	弯制角度	150°	0.81	1.25	2.50
		120°	0.90	1.32	
		90°	1.00	1.40	

4.4.6 铜母排搪锡系数（K_6）

铜母排搪锡系数（K_6）的选用应符合表 22 的规定。

表 22

搪锡长度	$L \leqslant 0.1$ mm	0.1 mm $< L \leqslant 0.5$ mm	$L > 0.5$ mm
K_6	1.00	1.25	1.55

4.4.7 铜母排安装质量系数(K_7)

铜母排安装质量系数(K_7)的选用应符合表 23 的规定。

表 23

质量	$G \leqslant 2$ kg	2 kg $< G \leqslant 5$ kg	$G > 5$ kg
K_7	1.00	1.67	2.14

4.4.8 电器设备安装质量系数(K_8)

电器设备安装质量系数(K_8)的选用应符合表 24 的规定。

表 24

不需天车	质量	$G \leqslant 2$ kg	2 kg $< G \leqslant 4$ kg	4 kg $< G \leqslant 7$ kg	7 kg $< G \leqslant 20$ kg
	K_8	1.00	1.40	1.75	2.50

4.4.9 安装螺栓系数(K_9)

安装螺栓系数(K_9)的选用应符合表 25 的规定。

表 25

螺栓规格		M10 及以下	M12 ～ M16	M18 ～ M24	M24 以上
K_9	普通扳手、套筒	0.24	0.32	0.41	0.52
	气动、电动	0.14	0.18	0.21	0.25

附 录 A
（资料性附录）
时间定额制定的方法

A.1 时间定额制定方法

时间定额制定方法见图 A.1。

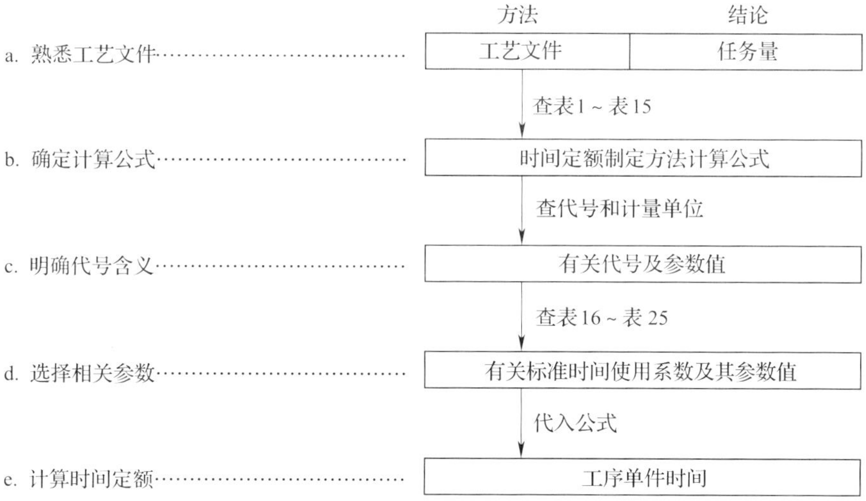

图 A.1

A.2 应用举例

A.2.1 HX2B 型电力机车线型 185 mm^2/360 V，线号为 M321—22 和 M322—11 时，其中线号为 M321—22 的线长 4.4 m，线号 M322—11 的线长 5.2 m，下线机下线，批量为 15 台。求此下线工序单件核算时间。具体步骤：

a）确定时间定额制定方法计算公式（查表 1）

$$T_d=[(5.2\times10^{-4}S+0.24)L+6.85\times10^{-3}S+0.5]\times0.5$$

b）确定有关参数值（查表 16）

下线需天车吊运，T_{zj}=25 Mm

c）将有关参数值代入公式

线号 M321—22　$T_d=[(5.2\times10^{-4}\times185+0.24)\times4.4+6.85\times10^{-3}\times185+0.5]\times0.5=1.62$ Mm

线号 M322—11　$T_d=[(5.2\times10^{-4}\times185+0.24)\times5.2+6.85\times10^{-3}\times185+0.5]\times0.5=1.76$ Mm

$$\sum T_d=1.62+1.76=3.38\text{ Mm}$$

d）计算时间定额

$$T_{dh}=T_d+T_{zj}/N_p=3.38+25/15=5.05\text{ Mm}$$

A.2.2 现有一把 2.5 mm^2 的线 48 头，求其剥线工序单件核算时间。具体步骤：

a）确定时间定额制定方法计算公式（查表 2）

$$T_d=(0.11N+0.2)K_1$$

b）确定有关参数（查表 16、表 17）

N=48 头

T_{zj}=8 Mm

K_1=1.00

c) 将有关参数带入公式

$$T_d=(0.11\times48+0.2)\times1.00=5.48\ \text{Mm}$$

d) 计算时间定额

$$T_{dh}=T_d+T_{zj}=5.48+8=13.48\ \text{Mm}$$

A.2.3 现需在总长为 18 m 的线槽内铺厚度为 1 mm 的胶皮 1 条，批量为 8 条，胶皮卷需从存放点搬运至工作地，求此胶皮下料的工序单件核算时间。具体步骤：

a) 确定时间定额制定方法计算公式（查表 7）

开卷、划线：$T_d=0.2L+0.24$

剪切、整理、收卷：$T_d=1.23L^{0.47}K_2+0.6$

b) 确定有关参数（查表 16、表 18）

划线、剪切：$T_{zj}=8+12=20\ \text{Mm}$

胶皮厚度 1 mm：$K_2=1.00$

c) 将有关参数带入公式

$$T_d=0.2\times18+0.24=3.84\ \text{Mm}$$

$$T_d=1.23\times18^{0.47}\times1.00+0.6=5.39\ \text{Mm}$$

$$\sum T_d=3.84+5.39=9.23\ \text{Mm}$$

d) 计算时间定额

$$T_{dn}=T_d+T_{zj}/N_p=9.23+20/8=11.73\ \text{Mm}$$

A.2.4 弯制一根规格为 8 mm×50 mm 的铜母排，横弯角度为 90°，按工艺文件可知，铜母排长度为 487 mm，批量为 10 根，求弯制此铜母排的工序单件核算时间。具体步骤：

a) 确定时间定额制定方法计算公式（查表 11）

$$T_d=0.275L+4.785(HB)^{0.15}K_5+0.23$$

b) 确定有关参数（查表 16、表 21）

$L=487\ \text{mm}=0.487\ \text{m}$　$B=50\ \text{mm}=0.05\ \text{m}$　$H=8\ \text{mm}=0.008\ \text{m}$　$T_{zj}=20\ \text{Mm}$　$K_5=1.40$

c) 将有关参数带入公式

$$T_d=0.275\times0.487+4.785\times(0.05\times0.008)^{0.15}\times1.40+0.23=2.44\ \text{Mm}$$

d) 计算时间定额

$$T_{dh}=T_d+T_{zj}/N_p=2.44+20/10=4.44\ \text{Mm}$$

ICS 03.100.30
A 02
备案号：71055—2020

LD

中华人民共和国劳动和劳动安全行业标准

LD/T 71.34—2019
代替 LD/T 71.34—2000

轨道交通装备制造业劳动定额 专用型材气焊加工

The work quota for the manufacturing industry of rail transit equipment special profile material gas welding

2019-01-22 发布　　2019-02-01 实施

中华人民共和国人力资源和社会保障部　　发布

目　次

前　言

本标准按GB/T 1.1—2009《标准化工作导则　第1部分：标准的结构和编写》给出的规则起草。

本标准代替LD/T 71.34—2000《铁路工业气焊工劳动定额制定》。因行业名称的规范和工艺技术条件的进步、工艺技术水平的提升，将《铁路工业气焊工劳动定额制定》修改为《轨道交通装备制造业劳动定额　专用型材气焊加工》方法标准。

与LD/T 71.34—2000相比，除编辑性修改外，主要技术变化如下：

——修改了范围（见第1章，2000年版的第1章）；

——修改了“引用标准”为“规范性引用文件”（见第2章，2000年版的第2章）；

——增加了代号K_f、N_p、T_{dh}（见第3章）；

——修改了“气焊时间定额的制定”为“专用型材气焊加工时间定额”（见第4章，2000年版的第4章）；

——增加了“气焊加工工作内容”（见4.1）；

——增加了“气焊加工时间定额的构成”（见4.2）；

——增加了“气焊加工工序单件时间定额的构成”（见4.2.1）；

——增加了“气焊加工工序单件核算时间定额的构成”（见4.2.2）；

——修改了“气割时间定额的制定”为“气割加工时间定额制定方法”，修改了“气焊时间定额的制定”为“气焊加工时间定额制定方法”（见4.3.1、4.3.2，2000年版的4.1、4.2）；

——修改了表中表头“时间定额计算公式”为“时间定额制定方法计算公式”（见表1、表2，2000年版的表2、表3）；

——修改了时间定额制定方法计算公式（见4.3.1、4.3.2，2000年版的4.1、4.2）；

——删除了“附录A”，将“附录B”修改为“附录A”（见附录A，2000年版的附录A、附录B）；

——修改了“提示的附录”改为“资料性附录”（见附录A，2000年版的附录B）。

本标准由中华人民共和国人力资源和社会保障部提出。

本标准由全国劳动定额定员标准化技术委员会（SAC/TC 131）归口。

本标准起草单位：中国中车股份有限公司。

本标准主要起草人：景重飞、王修力、李伟伟、姜广臣、张云斌、董年沛。

本标准历次版本发布情况为：LD/T 71.34—2000。

轨道交通装备制造业劳动定额　专用型材气焊加工

1　范围

本标准规定了轨道交通装备制造业专用型材气焊加工劳动定额的制定方法。

本标准适用于轨道交通装备制造业专用型材气焊加工劳动定额的制定与管理。

2　规范性引用文件

下列文件对于本文件的应用是必不可少的。凡是注日期的引用文件，仅所注日期的版本适用于本文件。凡是不注日期的引用文件，其最新版本（包括所有的修改单）适用于本文件。

GB/T 14002　劳动定员定额术语

GB/T 14163　工时消耗分类、代号和标准工时构成

LD/T 122　劳动定员定额标准的结构和编写规则

3　代号和计量单位

下列代号和计量单位适用于本文件。

B——规格，单位为毫米（mm）；

D——直径，单位为毫米（mm）；

H——板厚，单位为毫米（mm）；

K_i——标准时间使用系数；

L——长度，单位为毫米（mm）；

N_p——批量，单位为件；

T_{dh}——工序单件核算时间，单位为工分（Mm）。

4　专用型材气焊加工时间定额

4.1　气焊加工工作内容

气焊加工分为气焊和气割。气焊工作内容包括气焊操作前熟悉技术质量要求、工件清理、设备及工装工具的准备；气焊操作过程中焊接参数的调节、焊接成形、焊后修磨、工件测量及摆放；全部产品完工后工作场地整理、清扫及工装工具的归还等。气割工作内容包括气割操作前熟悉技术质量要求、工件装夹、胎模具的安装、设备及工夹量具的准备，气割操作过程中调节设备参数、标记尺寸线、气割成型、清理熔渣、修磨割口、工件测量及摆放，全部产品加工完成后工作场地整理、清扫及工装工具的归还等。

4.2　气焊加工时间定额的构成

4.2.1　气焊加工工序单件时间定额的构成

$$T_d=T_z+T_{zk}+T_{gxk}$$

式中：

T_d——工序单件时间；

T_z——作业时间，包含辅助时间；

T_{zk}——作业宽放时间；

T_{gxk}——个人需要与休息宽放时间。

4.2.2 气焊加工工序单件核算时间定额的构成

$$T_{dh}=T_d+T_{zj}/N_p$$

式中：

T_{zj}——准备与结束时间。

4.3 气焊加工时间定额制定方法

4.3.1 气割加工时间定额制定方法

气割加工时间定额制定法计算公式见表 1。

表 1

工序名称	时间定额制定方法计算公式
钢板手工气割	$T_{dh}=(1.1147H^{0.6803}+4)LK_i/1000$
钢板半自动气割	$T_{dh}=(1.3201H^{0.5911}+2.4)LK_i/1000$
角钢手工气割	$T_{dh}=(0.0325B+3)K_i$
槽钢手工气割	$T_{dh}=(0.0891B+1.2)K_i$
乙型钢手工气割	$T_{dh}=(0.137B+4.5)K_i$
工字钢手工气割	$T_{dh}=(0.108B+2.5)K_i$
钢管手工气割	$T_{dh}=(0.071D+0.31)K_i$
圆钢手工气割	$T_{dh}=(0.122D+0.21)K_i$
方钢手工气割	$T_{dh}=(0.163B+0.27)K_i$
钢板手工开坡口	$T_{dh}=(1.1084H^{0.6315}+3.6)LK_i/1000$
注 1：标准时间使用系数 K_i 是由各选用系数的乘积构成，即 $K_i=K_1\times K_2\cdots$。 注 2：型钢手工气割时间定额：切一头为平头的时间；当一头平头一头斜头气割时，气割时间定额为平头时间定额乘以接头形状系数。	

4.3.2 气焊加工时间定额制定方法

气焊加工时间定额制定方法计算公式见表 2。

表 2

工序名称	时间定额制定方法计算公式
卷边对焊	$T_{dh}=(3.451H^{0.918}+5.86)LK_i/1000$
无坡口角接焊	$T_{dh}=(3.532H^{0.926}+6.12)LK_i/1000$
无坡口对接焊	$T_{dh}=(4.127H^{1.1248}+6.85)LK_i/1000$
钝边 V 型坡口对接焊	$T_{dh}=(3.814H^{0.962}+7.34)LK_i/1000$
注：卷边对焊适用于 3 mm 以下薄板焊接。	

4.4 标准时间使用系数

4.4.1 批量系数（K_1）

批量系数（K_1）的选用应符合表 3 的规定。

表 3

批量	1 件～ 10 件	11 件～ 30 件	31 件～ 100 件	101 件以上
K_1	1.25	1.17	1.08	1.00

4.4.2　工作姿势系数（K_2）

工作姿势系数（K_2）的选用应符合表 4 的规定。

表 4

工作姿势	平焊（割）	立焊（割）	仰割
K_2	1.00	1.10	1.25

4.4.3　工作条件系数（K_3）

工作条件系数（K_3）的选用应符合表 5 的规定。

表 5

工作条件	空间大、空气流通	空间窄小、不通风	高空、罐内、空气污染
K_3	1.00	1.11	1.25

4.4.4　气体输送方式系数（K_4）

气体输送方式系数（K_4）的选用应符合表 6 的规定。

表 6

气体输送方式	管道	瓶装气体
K_4	1.00	1.10

4.4.5　设备系数（K_5）

设备系数（K_5）的选用应符合表 7 的规定。

表 7

设备	半自动切割机	仿型切割机
K_5	1.00	1.25

4.4.6　气焊材料系数（K_6）

气焊材料系数（K_6）的选用应符合表 8 的规定。

表 8

气焊材料	铁	铜	铝	银
K_6	1.00	1.10	1.15	1.20

4.4.7　接头形状系数（K_7）

接头形状系数（K_7）的选用应符合表 9 的规定。

表 9

型钢类别	K_7		
	平头	斜头	插头
钢板、角钢、槽钢	1.00	1.10	1.20
乙字钢、工字钢、圆钢、钢管、方钢		1.15	1.25

4.4.8 **坡口系数（K_8）**

坡口系数（K_8）的选用应符合表 10 的规定。

表 10

型钢类别	K_8	
	不开坡口	开坡口
角钢、槽钢、圆钢、钢管	1.00	1.05
乙字钢、工字钢、方钢		1.08

附　录　A
（资料性附录）
时间定额制定的方法

A.1　时间定额制定方法

时间定额制定方法见图 A.1。

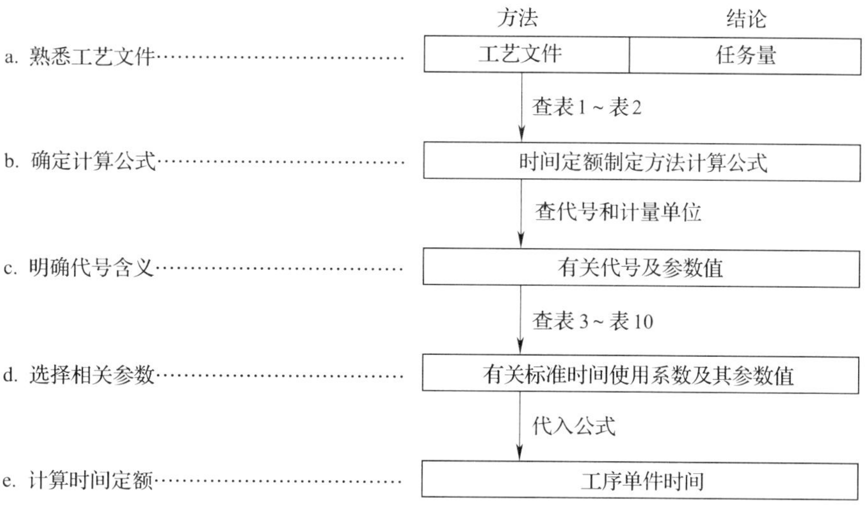

图 A.1

267

A.2　应用举例

手工气割 560 工字钢 5 件，下料长度 6 m，一头为平头一头为斜头，平头开坡口，计算气割工序单件核算时间（见表 A.1）。

表 A.1

工序名称	技术要求	时间定额制定方法计算公式	时间定额 Mm
工字钢手工气割	K_1=1.25，K_7=1.15，K_8=1.08，B=560 mm	T_{dh}=（0.108B+2.5）K_i	97.78

ICS 03.100.30
A 02
备案号：71056—2020

LD

中华人民共和国劳动和劳动安全行业标准

LD/T 71.35—2019
代替 LD/T 71.35—2000

轨道交通装备制造业劳动定额 镀层加工

The work quota for the manufacturing industry of rail transit equipment plating processing

2019-01-22 发布　　2019-02-01 实施

中华人民共和国人力资源和社会保障部　　发 布

目　次

前　言

本标准按 GB/T 1.1—2009《标准化工作导则　第 1 部分：标准的结构和编写》给出的规则起草。

本标准代替 LD/T 71.35—2000《铁路工业电镀工劳动定额制定》。因行业名称的规范和工艺技术条件的进步、工艺技术水平的提升，将《铁路工业电镀工劳动定额制定》修改为《轨道交通装备制造业劳动定额　镀层加工》方法标准。

与 LD/T 71.35—2000 相比，除编辑性修改外，主要技术变化如下：

——修改了范围（见第 1 章，2000 年版的第 1 章）；

——修改了“引用标准”为“规范性引用文件”（见第 2 章，2000 年版的第 2 章）；

——增加了代号 K_i、T_{f1}、T_{1h}、T_{fd}（见第 3 章）；

——删除了代号 K_H（见 2000 年版第 3 章）；

——修改了“电镀工时间定额的制定”为“镀层加工时间定额”（见第 4 章，2000 版第 4 章）；

——增加了“镀层加工工作内容”“镀层加工工序单件时间定额的构成”（见 4.1、4.2）；

——修改了表中表头“时间定额计算公式”为“时间定额制定方法计算公式”（见表 1，2000 年版的表 2）；

——修改了“酸洗磷化”时间定额制定方法计算公式（见表 1，2000 年版的表 2）；

——增加了“磷化前酸洗的复杂系数”（见表 8）；

——修改了附录 A“标准的附录”和附录 B“提示的附录”为“资料性附录”（见附录 A、附录 B，2000 年版的附录 A、附录 B）。

本标准由中华人民共和国人力资源和社会保障部提出。

本标准由全国劳动定额定员标准化技术委员会（SAC/TC 131）归口。

本标准起草单位：中国中车股份有限公司。

本标准主要起草人：韩博、杨晓娜、潘志良、唐卫东、何鑫磊。

本标准历次版本发布情况为：LD/T 71.35—2000。

轨道交通装备制造业劳动定额　镀层加工

1　范围

本标准规定了轨道交通装备制造业镀层加工劳动定额的制定方法。

本标准适用于轨道交通装备制造业镀层加工劳动定额的制定与管理。

2　规范性引用文件

下列文件对于本文件的应用是必不可少的。凡是注日期的引用文件，仅所注日期的版本适用于本文件。凡是不注日期的引用文件，其最新版本(包括所有的修改单)适用于本文件。

GB/T 14002　劳动定员定额术语

GB/T 14163　工时消耗分类、代号和标准工时构成

LD/T 122　劳动定员定额标准的结构和编写规则

3　代号和计量单位

下列代号和计量单位适用于本文件。

P——定员数量，单位为人；

S——面积，单位为平方米(m^2)；

Z——清洗槽数，单位为个；

D_k——电流密度，单位为安培每平方米(A/m^2)；

K_i——标准时间使用系数；

N_c——装槽件数，单位为件；

N_g——挂件数，单位为件；

N_1——工步个数，单位为个；

T_{mp}——单位面积磨抛光时间，单位为工分每平方米(Mm/m^2)；

T_{mpf}——磨抛光辅助时间，单位为工分(Mm)；

T_{f1}——发蓝标准时间，单位为工分(Mm)；

T_{1h}——酸洗磷化标准时间，单位为工分(Mm)；

T_{fd}——镀层加工辅助时间，单位为工分(Mm)；

γ——镀层金属密度，单位为克每立方毫米(g/mm^3)；

σ——镀层厚度，单位为毫米(mm)；

ε——电流效率，以百分比表示(%)；

c——电化当量，单位为克每安培小时(g/A·h)。

4　镀层加工时间定额

4.1　镀层加工工作内容

镀层加工是指对工件进行磨抛光、发蓝、酸洗磷化、镀层表面处理等工艺过程，包括工艺、技术、设

备、工夹量具和镀层加工使用器具的准备时间，根据工艺要求进行的工件表面涂镀加工时间，全部产品加工完成后的清理、工具归还等时间。

4.2 镀层加工工序单件时间定额的构成

$$T_{d}=T_{z}+T_{zk}+T_{gxk}$$

式中：

T_{d}——工序单件时间；

T_{z}——作业时间，包含辅助时间；

T_{zk}——作业宽放时间；

T_{gxk}——个人需要与休息宽放时间。

4.3 镀层加工时间定额制定方法

4.3.1 镀层加工工序时间定额制定方法

镀层加工工序时间定额制定方法计算公式见表 1。

表 1

工序名称	时间定额制定方法计算公式
磨抛光	$T_{dn}=0.9T_{mp}SK_{i}+1.2N_{1}T_{mpf}$
电镀	$T_{dn}=\sum[(6.0\times10^{4}\gamma\sigma)/(D_{k}\varepsilon c)+T_{fd}]/N_{c}$
发蓝	$T_{dn}=T_{fl}/N_{c}$
酸洗磷化	$T_{dn}=K_{1}T_{lh}P/N_{c}$
注 1：酸洗磷化标准时间为 205 工分每槽，定员 3 人。当镀层、酸洗磷化采用滚筒机装载工作时 N_{c} 的单位是千克。 注 2：标准时间使用系数 K_{i} 是由各选用系数的乘积构成，即 $K_{i}=K_{1}\times K_{2}\cdots$。	

4.3.2 磨抛光工序单位面积时间定额

磨抛光工序单位面积时间定额应符合表 2 的规定。

表 2

单位为工分每平方米

砂粒粒度	磨抛光工序单位面积时间定额							
	铸钢	铸铁	铸铜	铸铝	铁	铜	铝	不锈钢
90#	206	224	189	164	—			
120#	64	57	52	41	69	—		77
180#	81	71	65	60	71	65	60	97
220#	36	31	42	33	31	42	33	75
抛光	—		43	37	—	43	37	83
注：镀后抛光时间定额按砂粒粒度 180# 确定。								

4.3.3 发蓝标准时间

发蓝标准时间的选用应符合表 3 的规定。

表 3

单位为工分每筐

材质	发蓝标准时间
碳钢	190
合金钢	210

4.4 辅助时间

4.4.1 磨抛光工序辅助时间

磨抛光工序辅助时间的选用应符合表 4 规定。

表 4

使用工具	磨抛光面积 m^2	磨抛光辅助时间 Mm		
		磨光	抛光	精抛光
无辅助工夹具	$S < 0.0025$	0.10	0.20	0.10
	$0.0025 \leqslant S < 0.015$	0.15	0.25	0.15
	$0.015 \leqslant S < 0.15$	0.25	0.40	0.25
	$0.15 \leqslant S < 0.3$	0.40	0.80	0.40
	$0.3 \leqslant S < 0.5$	0.60	1.20	0.60
	$0.5 \leqslant S < 0.6$	0.80	1.60	0.80
	$S \geqslant 0.6$	1.00	2.00	1.00
带螺纹胎	—	0.50	0.58	0.50
带钳子		0.33	0.48	0.33
注：辅助时间指取放工件、装卸磨轮、涂抹磨膏等时间。				

4.4.2 镀层加工辅助时间

镀层加工辅助时间的选用应符合表 5 规定。

表 5

单位为工分

工序名称	镀铜	镀暗镍	镀锌	镀亮镍	镀装饰铬	铝氧化
辅助时间	100				110	
注：辅助时间指除油（包括化学除油、电解除油）、清洗、工件上下挂具、工件进出镀槽等时间。						

277

4.5 标准时间使用系数

4.5.1 磨抛光质量系数（K_1）

磨抛光质量系数（K_1）的选用应符合表6的规定。

表6

质量 kg	$G<0.5$	$0.5\leq G<1.5$	$1.5\leq G<2.5$	$2.5\leq G<3.5$	$3.5\leq G<4.5$	$G\geq4.5$
K_1	1.0	1.1	1.2	1.3	1.4	1.5

4.5.2 磨抛光复杂程度系数（K_2）

磨抛光复杂程度系数（K_2）的选用应符合表7的规定。

表7

复杂程度	简单	一般	复杂
K_2	1	1.25	1.5
注：简单指具有平的表面或平滑小凸起形状的工件；一般指圆形或椭圆形没有陡坡表面的工件；复杂指球形、椭圆形、带有陡坡和尖角形状的工件。			

4.5.3 磷化前酸洗的复杂系数（K_3）

磷化前酸洗的复杂系数（K_3）的选用应符合表8的规定。

表8

工序名称	简单除油	除油脂	除油锈“二合一”
K_3	1.05	1.10	1.12
注：酸洗主要作用为除去金属表面油脂或锈蚀物。简单除油包括水洗、表调；除油脂包括水洗、酸洗、中和、表调；除油锈“二合一”包括水洗、中和、表调。			

4.5.4 镀层加工设备利用系数（K_4）

镀层加工设备利用系数（K_4）的选用应符合表9规定。

表9

设备名称	镀铬	镀铜、镀镍、镀锌	铝氧化	除油、电解、发蓝
电镀槽	0.75	0.80		1.00
滚筒机	—	0.90	—	—

4.5.5 滚筒机装载质量

滚筒机装载质量的选用应符合表10的规定。

表 10

滚筒机规格 mm		装载质量 kg	
直径	长度	卧式	钟式
260	500	13.37	6.63
350	600	29.00	14.4
420	700	48.40	—
570	820	104.5	—

附 录 A
（资料性附录）
镀层加工有关参数选用原则

A.1 槽子和筐规格

镀槽 1500 mm×1000 mm×1200 mm

酸洗槽 3200 mm×1000 mm×1200 mm

发蓝槽 400 mm×500 mm×600 mm

A.2 电镀装槽件数 N_C 的确定

A.2.1 电镀装槽件数 N_C 的确定公式为：

$$N_C=\frac{(\text{镀槽长}-300\ \text{mm})\times(\text{镀槽深}-480\ \text{mm})}{(\text{零件最大外形尺寸})\cos\theta}\times \text{电镀设备利用系数}$$

注：θ 为零件最大外形尺寸面与阴极杆的夹角。

A.2.2 电镀装槽件数确定的同时应考虑不同镀种所要求的电流密度及设备所能提供的最大电流强度。

A.3 酸洗磷化及发蓝的装槽（筐）量的确定

酸洗磷化及发蓝的装槽（筐）量，需根据工件形状、复杂程度及槽（筐）的规格来确定。

A.4 不足一槽（筐）时的处理

本标准要求满负荷作业，当所处理工件不足合理装槽（筐）量时，应首先考虑凑足一槽或一筐，确实难以凑满，单件工时可按实际装槽（筐）量计算。

A.5 多槽作业调节系数

本标准是在一名工人看管一个槽子的情况下制定的，故只考虑作业时间与辅助时间，准备与结束时间和其他宽放时间与基本时间交叉，不再单独考虑；若一名操作者同时看管两个或三个槽子，则须考虑各种宽放时间，因此增加多槽作业的调节系数，对工序单件时间进行修正。

$$T_d=T_{dn}/N_b\times K_b$$

式中：

T_{dn}——按一人一槽计算的单件核算时间；

N_b——一人看管的镀槽数量（见表 A.1）；

K_b——调节系数。

表 A.1

工序名称	槽子数量	
	2 个	3 个
镀锌、镀铜	0.94	0.90
镀镍	0.90	0.85
镀铬	0.83	0.80
氧化	0.95	0.93

附　录　B
（资料性附录）
时间定额制定的方法

B.1　时间定额制定方法

时间定额制定方法见图 B.1。

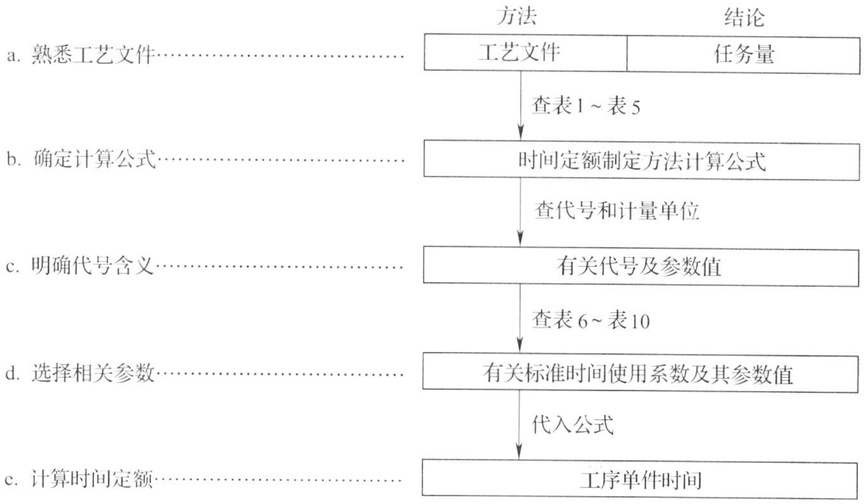

图 B.1

B.2　应用举例

B.2.1　镀层

侧门扶手座，材质为 ZG25，质量为 0.25 kg，形状复杂，挂件角度为 0°，磨抛光面积为 0.03 m^2，技术要求：镀层（暗镍 + 亮镍 + 铬）。

B.2.1.1　磨光工序

$$T_{dn}=0.9T_{mp}SK_i+1.2N_1T_{mpf}$$

$$T_{mp}=387\ \mathrm{Mm/m^2},\ S=0.03\ \mathrm{m^2},\ K_1=1.1,\ K_2=1.5,\ N_1=3,\ T_{mpf}=0.25\ \mathrm{Mm}$$

$$T_{dn}=0.9\times387\times0.03\times1.1\times1.5+1.2\times3\times0.25=18.14\ \mathrm{Mm}$$

B.2.1.2　抛光工序

$$T_{dn}=0.9\times81\times0.03\times1.1\times1.5+1.2\times1\times0.4=4.09\ \mathrm{Mm}$$

B.2.1.3　电镀工序

a）确定装槽量：镀槽有效区长 1200 mm，有效深 720 mm，零件外形尺寸（116.5×110）mm^2。

$$N_c=(1200\times720/116.5\times110)\times0.8=53\ 件。$$

另外，整流柜最大可提供 2000 A 电流，而镀铬所需电流密度为 0.15 A/m^2，据此每槽最多装 44 件。每一挂可挂零件数为 10 件。

b）工艺要求为化学除油、电解除油、镀暗镍、镀亮镍、镀铬，有关参数值见表 B.1。

查表 1，电镀时间定额制定方法计算公式：

$$T_{dn}=\sum\left[(6.0\times10^{-4}\gamma\sigma)/(D_k\varepsilon c)+T_{fd}\right]/N_c$$

表 B.1

技术参数代号	工序名称		
	镀暗镍	镀亮镍	镀铬
γ	8.8	8.8	6.9
σ	0.0224	0.0174	0.0012
D_k	2	3	60
ε	60	70	13
c	1.095	1.095	0.323
注：本表所列参数由使用单位根据生产实际测定。			

$$T_{dn}=\left(\frac{60\times1000\times8.8\times0.0224}{2\times60\times1.095}+100+\frac{60\times1000\times8.8\times0.0174}{3\times70\times1.095}+100+\frac{60\times1000\times6.9\times0.0012}{60\times13\times0.323}+100\right)\div40=12\ \text{Mm}$$

总工时 =18.14+4.09+12=34.23 Mm

B.2.2 发蓝

240 柴油机螺母，45 钢，工件质量为 0.06 kg，每筐可装 300 件，求单件发蓝工时。

$$T_{dn}=T_{f1}S/N_c=190/300=0.63\ \text{Mm}$$

282

B.2.3 酸洗磷化

单件质量为 2.5 kg 的防尘板需磷化处理，一次可装 30 件，磷化前需要除油除锈“二合一”乘以 1.15，求单件酸洗磷化工时。

$$T_{dn}=T_{1h}P/N_cK_3=205\times3\times1.12/30=22.96\ \text{Mm}$$

ICS 03.100.30
A 02
备案号：71057—2020

LD

中华人民共和国劳动和劳动安全行业标准

LD/T 71.36—2019
代替 LD/T 71.36—2000

轨道交通装备制造业劳动定额 精密铸造加工

The work quota for the manufacturing industry of rail transit equipment precision casting

285

2019-01-22 发布 2019-02-01 实施

中华人民共和国人力资源和社会保障部 发布

目　次

前　言

本标准按 GB/T 1.1—2009《标准化工作导则　第 1 部分：标准的结构和编写》给出的规则起草。

本标准代替 LD/T 71.36—2000《铁路工业精密铸造工劳动定额制定》。因行业名称的规范和工艺技术条件的进步、工艺技术水平的提升，将《铁路工业精密铸造工劳动定额制定》修改为《轨道交通装备制造业劳动定额　精密铸造加工》方法标准。

与 LD/T 71.36—2000 相比，除编辑性修改外，主要技术变化如下：

——修改了范围（见第 1 章，2000 年版的第 1 章）；

——修改了“引用标准”为“规范性引用文件”（见第 2 章，2000 年版的第 2 章）；

——增加了代号 T_{dn}、K_i（见第 3 章）；

——修改了“精密铸造时间定额的制定”为“精密铸造加工时间定额”（见第 4 章，2000 年版的第 4 章）；

——增加了“精密铸造加工工作内容”（见 4.1）；

——增加了“精密铸造加工工序单件时间定额的构成”（见 4.2）；

——修改了“精密铸造时间定额的制定”为“精密铸造加工时间定额制定方法”（见 4.3，2000 年版的 4.1）；

——修改了表中表头“时间定额计算公式”为“时间定额制定方法计算公式”（见表 1，2000 年版的表 2）；

——增加了表中注的内容（见表 1）；

——修改了时间定额制定方法计算公式（见 4.3，2000 年版的 4.1）；

——修改了标准时间使用系数（见 4.4.1 ～ 4.4.7，2000 年版的 5.1 ～ 5.7）；

——修改了“提示的附录”为“资料性附录”（见附录 A，2000 年版的附录 A）。

本标准由中华人民共和国人力资源和社会保障部提出。

本标准由全国劳动定额定员标准化技术委员会（SAC/TC 131）归口。

本标准起草单位：中国中车股份有限公司。

本标准主要起草人：李伟伟、王修力、尹志强、景重飞、马健男。

本标准历次版本发布情况为：LD/T 71.36—2000。

轨道交通装备制造业劳动定额　精密铸造加工

1　范围

本标准规定了轨道交通装备制造业精密铸造加工劳动定额的制定方法。

本标准适用于轨道交通装备制造业精密铸造加工劳动定额的制定与管理。

2　规范性引用文件

下列文件对于本文件的应用是必不可少的。凡是注日期的引用文件，仅所注日期的版本适用于本文件。凡是不注日期的引用文件，其最新版本（包括所有的修改单）适用于本文件。

GB/T 14002　劳动定员定额术语

GB/T 14163　工时消耗分类、代号和标准工时构成

LD/T 122　劳动定员定额标准的结构和编写规则

3　代号和计量单位

下列符号和计量单位适用于本文件。

B——宽度，单位为毫米（mm）；

D——直径，单位为毫米（mm）；

G——质量，单位为千克（kg）或吨（t）；

G_1——蜡型质量，单位为千克（kg）；

G_2——模具质量，单位为千克（kg）；

K_i——标准时间使用系数；

L——长度，单位为毫米（mm）；

N——蜡模上涂料、挂砂次数，单位为次；

N_1——每棒（箱）蜡型件数，单位为件；

T_{dn}——完全单件时间，单位为工分（Mm）。

4　精密铸造加工时间定额

4.1　精密铸造加工工作内容

精密铸造加工工作内容包括精密铸造开工前的工艺、技术、设备、工夹量具、工具、模具、金属材料及模型等准备工作，根据工艺要求进行的熔化、注蜡、起模、修型、制壳、冶炼、浇注、铸件清理等工作，全部产品完成后的工作场地整理、清扫及借用工具的归还。

4.2　精密铸造加工工序单件时间定额的构成

$$T_d=T_z+T_{zk}+T_{gxk}$$

式中：

T_d——工序单件时间；

T_z——作业时间，包含辅助时间；

T_{zk}——作业宽放时间；

T_{gxk}——个人需要与休息宽放时间。

4.3 精密铸造加工时间定额制定方法

精密铸造加工时间定额制定方法计算公式见表 1。

表 1

工序名称	设备名称		时间定额制定方法计算公式
熔蜡	熔蜡机 40 kg		$T_{dn}=6G_1K_i$
	切割机		
	搅拌机		
注蜡	注蜡枪		$T_{dn}=(0.0148G_2+0.1723)K_i$
起模	—		$T_{dn}=(0.0672G_2+0.4545)K_i$
修型			$T_{dn}=(0.7736G+1.2288)K_i$
组合			$T_{dn}=(0.7139G+0.1548)N_1K_i$
制壳	沸腾喷砂机		$T_{dn}=0.865G^{0.86}NK_i$
冶炼	中频炉 0.15 t ～ 0.25 t、0.5 t		$T_{dn}=[1.886/(1-f)]K_i$
浇注	吊包，抬包		$T_{dn}=0.902GK_i$
浇口切割	气割枪	扁形	$T_{dn}=\{[0.54(B+1.91)(L+39)-55]/1000\}K_i$
		圆形	$T_{dn}=0.0051D^{1.33}+0.5K_i$
	砂轮锯		$T_{dn}=0.0023B^{1.38}+0.5K_i$
	弓锯床		$T_{dn}=0.0081B^{1.45}+1.05K_i$
清理	脱壳机、抛丸机、砂轮机	$G\leqslant 3$ kg	$T_{dn}=1.94G^{0.79}K_i$
		$G>3$ kg	$T_{dn}=3.22G^{0.35}K_i$

注 1：涂料配制、砂型氨水硬化、型腔蒸汽、水煮脱蜡和型壳焙烧工序的时间定额，均按工艺时间规定执行。

注 2：蜡型质量 G_1=（铸件质量 G/ 材料密度）× 蜡型密度（0.8）。

注 3：标准时间使用系数 K_i 是由各选用系数的乘积构成，即 $K_i=K_1\times K_2\cdots$。

注 4：熔蜡为蒸汽升温融化、浇注蜡锭及直浇口棒；注蜡用注蜡枪将蜡型模具注满；起模是将凝固的蜡型从模具中起出并放入水中；修型是清理蜡模坯缝，修补表面缺陷；组合是将蜡型与直浇口棒粘合；制壳为浸涂料、挂砂；冶炼包括备料、修炉、配电和熔化；浇注为修包、烘箱、浇注和打磨；浇口切割为切割铸件浇口；清理为脱壳、清砂、抛丸和打磨。

4.4 标准时间使用系数

4.4.1 模具质量系数（K_1）

模具质量系数（K_1）的选用应符合表 2 的规定。

表 2

模具质量 kg	1 < G ≤ 5	5 < G ≤ 15	15 < G ≤ 25	25 < G ≤ 35	G > 35
K_1	1.00	1.10	1.20	1.30	1.40

4.4.2 复杂程度系数（K_2）

复杂程度系数（K_2）的选用应符合表 3 的规定。

表 3

复杂程度	Ⅴ	Ⅳ	Ⅲ	Ⅱ	Ⅰ
K_2	1.00	1.05	1.15	1.25	1.35
注：精铸件的技术复杂程度按蜡型模具的活块多少划分，本标准中共划分为五级。其中技术复杂程度Ⅴ级为无活块、技术复杂程度Ⅳ级为 1 ～ 2 个活块、技术复杂程度Ⅲ级为 3 ～ 4 个活块、技术复杂程度Ⅱ级为 5 ～ 6 个活块、技术复杂程度Ⅰ级为 7 ～ 8 个活块。					

4.4.3 材质系数（K_3）

材质系数（K_3）的选用应符合表 4 的规定。

表 4

材质	铁、铝	钢	合金钢	铜
K_3	0.80	1.00	1.15	1.30

4.4.4 清理方式系数（K_4）

清理方式系数（K_4）的选用应符合表 5 的规定。

表 5

清理方式	脱壳机清砂	手工风铲清砂	一次滚筒抛丸	二次滚筒抛丸
K_4	1.00	2.00	1.00	1.10

4.4.5 浇注系数（K_5）

浇注系数（K_5）的选用应符合表 6 的规定。

表 6

浇注方式	吊包	手端包	抬包
K_5	1.00	2.50	3.00

4.4.6 产量系数（K_6）

产量系数（K_6）的选用应符合表 7 的规定。

表 7

产量 t	$G > 100$	$50 < G \leqslant 100$	$20 < G \leqslant 50$	$G \leqslant 20$
K_6	1.00	1.10	1.20	1.30

4.4.7 冶炼熔化回归损失率（f）

冶炼熔化回归损失率（f）的选用应符合表 8 的规定。

表 8

材质	铁	钢	铝	铜
f	12	12	15	15
注：冶炼熔化回归损失率（%）。				

附 录 A
（资料性附录）
时间定额制定的方法

A.1 时间定额制定方法

时间定额制定方法见图 A.1。

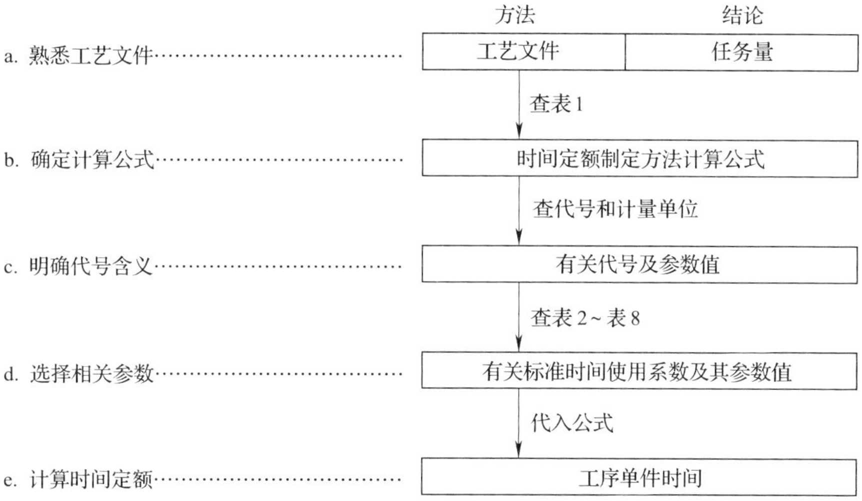

图 A.1

295

A.2 应用举例

已知东风 4 型铸钢件润滑系统弯头，见图 A.2，单件质量 3.2 kg，模具质量 27.2 kg，模具活块 10 块，每箱（棒）1 件，工艺要求浸涂料、挂砂 6 遍，采用 500 kg 中频炉熔化，内浇口截面尺寸 45 mm×22 mm，脱壳机震动落砂，年产量在 50 t 以下。求该精铸件工序单件时间定额（见表 A.1）。

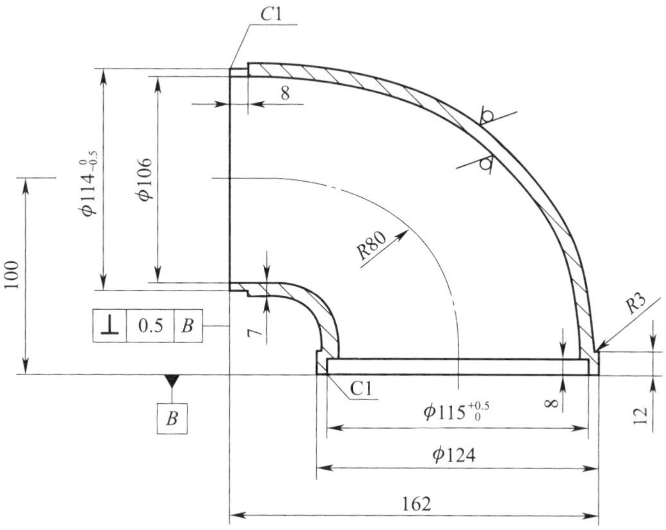

图 A.2

表 A.1

工序名称	技术要求	时间定额制定方法计算公式	时间定额 Mm
熔蜡	G=3.2 kg，K_6=1.2 G_1=（3.2/7.8）×0.8=0.33 kg	$T_{dn}=6G_1K_i$	2.38
注蜡	G_2=27.2 kg，K_1=1.3，K_6=1.2	$T_{dn}=(0.0148G_2+0.1723)K_i$	0.90
起模	G_2=27.2 kg，K_1=1.3，K_2=1.35，K_6=1.2	$T_{dn}=(0.0672G_2+0.4545)K_i$	4.81
修型	G=3.2 kg，K_2=1.35，K_6=1.2	$T_{dn}=(0.7736G+1.2288)K_i$	6.00
组合	G=3.2 kg，K_6=1.2，N_1=1 件	$T_{dn}=(0.7139G+0.1548)N_1K_i$	2.93
制壳	G=3.2 kg，K_6=1.2，N=6 件	$T_{dn}=0.865G^{0.86}NK_i$	16.93
冶炼	G=3.2 kg，K_3=1，K_6=1.2，f=12%	$T_{dn}=[1.866G/(1-f)]K_i$	8.14
浇注	G=3.2 kg，K_5=1，K_6=1.2	$T_{dn}=0.902GK_i$	3.46
浇口切割	G=3.2 kg，K_3=1.3，K_6=1.2， B=22 mm，L=45 mm	$T_{dn}=\{[0.54(B+1.91)(L+39)-55]/1000\}K_i$	1.61
清理	G=3.2 kg，K_4=1，K_6=1.2	$T_{dn}=3.22G^{0.35}K_i$	5.81
合计		——	52.97

ICS 03.100.30
A 02
备案号：71058—2020

LD

中华人民共和国劳动和劳动安全行业标准

LD/T 71.37—2019
代替 LD/T 71.37—2000

轨道交通装备制造业劳动定额
机车车辆弹簧加工

The work quota for the manufacturing industry of rail transit equipment
manufacture of locomotive spring

299

2019-01-22 发布

2019-02-01 实施

中华人民共和国人力资源和社会保障部　发布

目　次

前　言

本标准按GB/T 1.1—2009《标准化工作导则　第1部分：标准的结构和编写》给出的规则起草。

本标准代替LD/T 71.37—2000《铁路工业弹簧工劳动定额制定》。因行业名称的规范和工艺技术条件的进步、工艺技术水平的提升，将《铁路工业弹簧工劳动定额制定》修改为《轨道交通装备制造业劳动定额　机车车辆弹簧加工》方法标准。

与LD/T 71.37—2000相比，除编辑性修改外，主要技术变化如下：

——修改了“范围”(见第1章，2000年版的第1章)；

——修改了“引用标准”为“规范性引用文件”(见第2章，2000版的第2章)；

——增加了代号“T_{dn}、K_i、N_p”(见第3章)；

——增加了“弹簧相关尺寸”(见图1)；

——修改了“弹簧时间定额的制定”为“机车车辆弹簧加工时间定额”(见第4章，2000年版的第4章)；

——增加了“弹簧加工工作内容”(见4.1)；

——修改了“弹簧加工时间定额的制定”为“弹簧加工时间定额制定方法”(见4.2，2000年版的4.1～4.8)；

——修改了表头“时间定额计算公式”为“时间定额制定方法计算公式”(见表1～表10，2000年版的表2～表9)；

——修改了“下料工序时间定额制定方法”“碾尖工序时间定额制定方法”“卷制工序时间定额制定方法”“热处理工序时间定额制定方法”“压力试验工序时间定额制定方法”“磨簧工序时间定额制定方法”“装筐、涂漆工序时间定额制定方法”(见4.2.1，4.2.2，4.2.3，4.2.4，4.2.5，4.2.6，4.2.9，2000年版的4.1，4.2，4.3，4.5，4.6，4.7，4.8)；

——增加了“抛丸工序时间定额制定方法”“探伤工序时间定额制定方法”“包装工序时间定额制定方法”(见4.2.7，4.2.8，4.2.10)；

——删除了“弹簧整形时间定额的制定”(见2000年版的4.4)；

——删除了“弹簧下料规格、弹簧下料批量、弹簧下料品种、弹簧碾尖加热方式、弹簧碾尖规格、弹簧碾尖品种、弹簧卷制规格、弹簧卷制加热方式、弹簧卷制品种、弹簧整形规格、弹簧整形品种、弹簧热处理品种、弹簧压力试验质量、磨簧规格、磨簧品种系数”标准时间使用系数(见2000年版的5.1～5.7)；

——增加了“机车弹簧碾尖系数”“货车弹簧磨簧系数”“城铁弹簧磨簧系数”“城铁弹簧探伤系数”“货车弹簧包装系数”(见4.3.1～4.3.5)；

——修改了“提示的附录”为“资料性附录”(见附录A，2000年版的附录A)；

——修改了“时间定额计算公式”为“时间定额制定方法计算公式”(见图A.1，2000年版的图A1)；

——修改了“应用举例”(见A.2，2000年版的A2)。

本标准由中华人民共和国人力资源和社会保障部提出。

本标准由全国劳动定额定员标准化技术委员会(SAC/TC 131)归口。

本标准起草单位：中国中车股份有限公司。

本标准主要起草人：张廷松、易军、吴剑峰、寇银、施正宏。

本标准历次版本发布情况为：LD/T 71.37—2000。

轨道交通装备制造业劳动定额　机车车辆弹簧加工

1　范围

本标准规定了轨道交通装备制造业机车车辆弹簧加工劳动定额的制定方法。

本标准适用于轨道交通装备制造业机车车辆弹簧加工劳动定额的制定与管理。

2　规范性引用文件

下列文件对于本文件的应用是必不可少的。凡是注日期的引用文件，仅所注日期的版本适用于本文件。凡是不注日期的引用文件，其最新版本（包括所有的修改单）适用于本文件。

GB/T 14002　劳动定员定额术语

GB/T 14163　工时消耗分类、代号和标准工时构成

LD/T 122　劳动定员定额标准的结构和编写规则

3　代号和计量单位

下列代号和计量单位适用于本文件，弹簧相关代号见图1。

D——弹簧的外径，单位为毫米（mm），见图1；

D_1——弹簧料的直径，单位为毫米（mm），见图1；

d——弹簧的内径，单位为毫米（mm），见图1；

G——弹簧的质量，单位为千克（kg）；

K_i——标准时间使用系数；

L——弹簧料的长度，单位为毫米（mm）；

L_1——弹簧料碾尖后的长度，单位为毫米（mm）；

n——弹簧的总圈数，单位为圈；

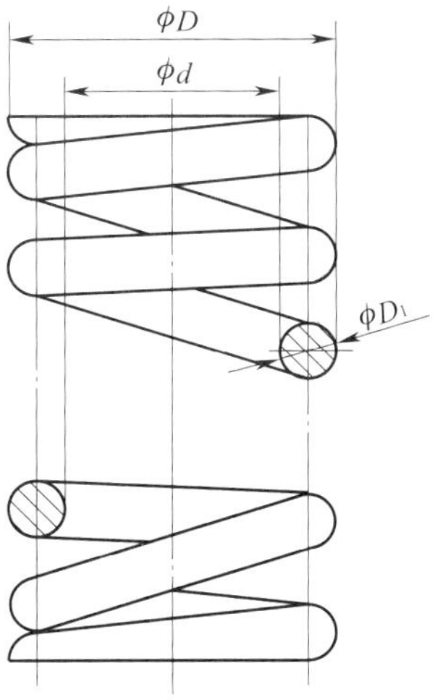

图 1

N_p——批量加工数，单位为件；

T_{dn}——完全单件时间，单位为工分（Mm）。

4 机车车辆弹簧加工时间定额

4.1 弹簧加工工作内容

弹簧加工是将弹性原材料加热制成弹簧的工艺过程，包括工件制成前的工艺、技术、设备、工夹量具的准备，下料、棒料探伤打磨、碾尖、弹簧成型、热处理、压缩试验、磨簧、抛丸、表面处理、检测、标识、成品探伤、油漆、包装防护，全部产品加工完成后的工作场地整理清扫，器具的归位。

4.2 弹簧加工时间定额*制定方法

4.2.1 下料工序时间定额制定方法

下料工序时间定额制定方法见表1。

表1

工序名称	车型	下料设备	时间定额制定方法计算公式
下料	机车	自动下料机	$T_{dn}=0.0086G-0.7006$
	货车	棒料剪断机	$T_{dn}=0.0037G^2-0.0387G+0.2505$
	城铁	自动下料机	$T_{dn}=-0.001G^2+0.0614G-0.1083$
注：工作内容包括上料、送料定位、剪切料头、下料、码料、收料头。			

4.2.2 碾尖工序时间定额制定方法

碾尖工序时间定额制定方法见表2。

表2

工序名称	车型	下料设备	时间定额制定方法计算公式
碾尖	机车	弹簧碾尖机	$T_{dn}=(0.0002G^2-0.0192G+1.9015)K_1$
	货车		$T_{dn}=-0.0003G^2+0.0576G+0.3482$
	城铁		$T_{dn}=-0.0016G^2+0.1006G-0.0947$
注：工作内容包括上料、进料、端头感应加热（两头）、碾尖（两头）、打钢印、码料。			

4.2.3 卷制工序时间定额制定方法

卷制工序时间定额制定方法见表3。

表3

工序名称	车型	下料设备	时间定额制定方法计算公式
卷制	机车	数控卷簧机	$T_{dn}=0.1908n^2-1.564n+5.3022$
	货车	靠模卷簧机	$T_{dn}=0.0048G^2-0.0215G+0.5541$
	城铁	数控卷簧机	$T_{dn}=-0.0006G^2+0.0817G+0.7094$
注：工作内容包括上料、进料定位、全长加热、卷制、退簧、调整、装筐。			

* 本弹簧加工时间定额为基准时间定额，各生产单位可根据自身的生产设备及劳动组织流程，在工序时间定额基础上给予1～1.8的生产设备劳动组织流程系数。

4.2.4　**热处理工序时间定额制定方法**

热处理工序时间定额制定方法见表4。

表4

工序名称	车型	热处理方式	时间定额制定方法计算公式
热处理	机车	余温淬火、连续回火	$T_{dn}=0.1259n^2-1.3236n+11.815$
	货车		$T_{dn}=0.0086G^2-0.0845G+3.0503$
	城铁		$T_{dn}=-0.0032G^2+0.2289G+4.5625$
注：工作内容包括淬火、回火、装筐。			

4.2.5　**压力试验工序时间定额制定方法**

压力试验工序时间定额制定方法见表5。

表5

工序名称	车型	使用设备	时间定额制定方法计算公式
压力试验	机车	数控弹簧压力试验机	$T_{dn}=0.0675n^2-0.602n+2.7026$
	货车		$T_{dn}=0.0089G^2-0.1033G+1.1958$
	城铁		$T_{dn}=0.0004G^2-0.0124G+1.2132$
注：工作内容包括摆簧、试压、装筐。			

4.2.6　**磨簧工序时间定额制定方法**

磨簧工序时间定额制定方法见表6。

表6

工序名称	车型	使用设备	时间定额制定方法计算公式
磨簧	机车	磨簧机	$T_{dn}=0.7292n^2-6.2956n+42.148$
	货车		$T_{dn}=(3e^{-7L^2}+0.0003L+3.2797)K_2$
	城铁		$T_{dn}=(-3e^{-5D^2}+0.134D-7.53911)K_3$
注：工作内容包括进簧、自检、装卸、磨削（两面）、上平台检查、装筐。			

4.2.7　**抛丸工序时间定额制定方法**

抛丸工序时间定额制定方法见表7。

表7

工序名称	车型	使用设备	时间定额制定方法计算公式
抛丸	机车	抛丸强化机	$T_{dn}=0.1852n^2-1.6554n+5.9115$
	货车		$T_{dn}=0.0059G^2-0.0582G+0.2993$
	城铁		$T_{dn}=-0.0002G^2+0.0232G+1.7846$
注：工作内容包括参数设置、装簧、试片检验、抛丸、卸簧、装筐。			

4.2.8 探伤工序时间定额制定方法

探伤工序时间定额制定方法见表 8。

表 8

工序名称	车型	使用设备	时间定额制定方法计算公式
探伤	机车	荧光磁粉探伤机	$T_{dn}=0.1134n^2-1.0114n+5.3083$
	货车		$T_{dn}=0.0065G^2-0.0788G+0.849$
	城铁		$T_{dn}=(-e^{-5D^2}+0.0176D-0.4734)K_4$
注：工作内容包括参数设置、试片标定、探伤检查、装筐、检验报告、检验审核。			

4.2.9 装筐、涂漆工序时间定额制定方法

装筐、涂漆工序时间定额制定方法见表 9。

表 9

工序名称	车型	时间定额制定方法计算公式
装筐	机车	$T_{dn}=0.081n^2-0.7224n+3.3631$
	货车	$T_{dn}=20/N_p$
	城铁	$T_{dn}=100/N_p$
涂漆	机车	$T_{dn}=0.0783n^2-0.6986n+8.351$
	货车	$T_{dn}=30/N_p$
	城铁	$T_{dn}=200/N_p$
注：工作内容包括吊卸、涂漆、过滤、堆码。		

4.2.10 包装工序时间定额制定方法

包装工序时间定额制定方法见表 10。

表 10

工序名称	车型	时间定额制定方法计算公式
包装	机车	$T_{dn}=0.0675n^2-0.602n+5.302$
	货车	$T_{dn}=(0.0028G^2-0.0336G+1.2808)K_5$
	城铁	$T_{dn}=125/N_p$
注：工作内容包括取簧、分检、套袋、装箱、打包。		

4.3 标准时间使用系数

4.3.1 机车弹簧碾尖系数（K_1）

机车弹簧碾尖系数（K_1）的确定应符合表 11 的规定。

表 11

弹簧料长	$L \leq 6000$ mm	$L > 6000$ mm
K_1	1.00	1.20

4.3.2 货车弹簧磨簧系数(K_2)

货车弹簧磨簧系数(K_2)的确定应符合表12的规定。

表 12

弹簧质量	$G \leq 1$ kg	1 kg $< G \leq 15$ kg	$G > 15$ kg
K_2	0.85	1.00	1.30

4.3.3 城铁弹簧磨簧系数(K_3)

城铁弹簧磨簧系数(K_3)的确定应符合表13的规定。

表 13

弹簧外径	$D \leq 150$ mm	$D > 150$ mm
K_3	1.00	0.90

4.3.4 城铁弹簧探伤系数(K_4)

城铁弹簧探伤系数(K_4)的确定应符合表14的规定。

表 14

弹簧外径	$D \leq 200$ mm	$D > 200$ mm
K_4	1.00	0.90

4.3.5 货车弹簧包装系数(K_5)

货车弹簧包装系数(K_5)的确定应符合表15的规定。

表 15

弹簧质量	$G < 1$ kg	$G \geq 1$ kg
K_5	0.80	1.00

附　录　A
（资料性附录）
时间定额制定的方法

A.1　时间定额制定方法

时间定额制定方法见图 A.1。

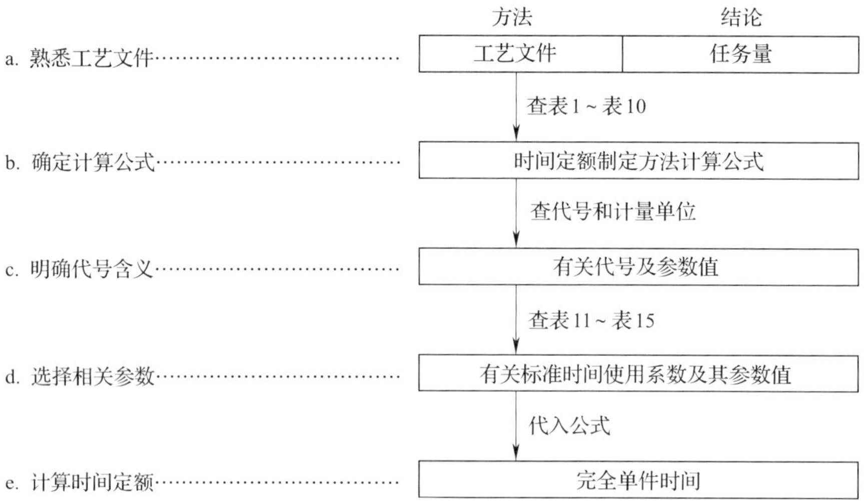

图 A.1

A.2　应用举例

利用热卷弹簧劳动定额标准计算 K6 内外弹簧工序单件时间定额（见表 A.1）。

已知：内簧 L=2101 mm；L_1=2176 mm；D_1=16 mm；D=82 mm；d=50 mm；G=3.43 kg；N_p=50 件；n=10.5 圈；外簧 L=2488 mm；L_1=2618 mm；D_1=24 mm；D=139 mm；d=91 mm；G=9.29 kg；N_p=50 件；n=7.25 圈。

表 A.1

工序名称	时间定额制定方法计算公式	工序单件时间定额	
		内簧	外簧
下料	$T_{dn}=0.0037G^2-0.0387G+0.2505$	T_{dn}=0.16 Mm	T_{dn}=0.21 Mm
碾尖	$T_{dn}=-0.0003G^2+0.0576G+0.3482$	T_{dn}=0.54 Mm	T_{dn}=0.86 Mm
卷制	$T_{dn}=0.0048G^2-0.0215G+0.5541$	T_{dn}=0.54 Mm	T_{dn}=0.77 Mm
热处理	$T_{dn}=0.0086G^2-0.0845G+3.0503$	T_{dn}=2.86 Mm	T_{dn}=3.01 Mm
压力试验	$T_{dn}=0.0089G^2-0.1033G+1.1958$	T_{dn}=0.95 Mm	T_{dn}=1 Mm
磨簧	$T_{dn}=(3e^{-7L^2}+0.0003L+3.2797)K_2$	K_2=0.7，T_{dn}=2.74 Mm	K_2=1，T_{dn}=4.03 Mm
抛丸	$T_{dn}=0.0059G^2-0.0582G+0.2993$	T_{dn}=0.17 Mm	T_{dn}=0.27 Mm
探伤	$T_{dn}=0.0065G^2-0.0788G+0.849$	T_{dn}=0.66 Mm	T_{dn}=0.68 Mm

表 A.1（续）

工序名称	时间定额制定方法计算公式	工序单件时间定额	
		内簧	外簧
装筐	$T_{dn}=20/N_p$	T_{dn}=0.40 Mm	T_{dn}=0.40 Mm
涂漆	$T_{dn}=30/N_p$	T_{dn}=0.60 Mm	T_{dn}=0.60 Mm
包装	$T_{dn}=(0.0028G^2-0.0336G+1.2808)K_5$	$K_5=1$，T_{dn}=1.20 Mm	$K_5=1$，T_{dn}=1.21 Mm
合计		10.82 Mm	13.04 Mm

ICS 03.100.30
A 02
备案号:71059—2020

LD

中华人民共和国劳动和劳动安全行业标准

LD/T 71.8—2019
代替 LD/T 71.8—2000

轨道交通装备制造业劳动定额 机车车辆铆接加工

The work quota for the manufacturing industry of rail transit equipment locomotive and rolling stock riveting process

313

2019-01-22 发布 2019-02-01 实施

中华人民共和国人力资源和社会保障部 发 布

目　次

前　　言

本标准按GB/T 1.1—2009《标准化工作导则　第1部分：标准的结构和编写》给出的规则起草。

本标准代替LD/T 71.8—2000《铁路工业铆工劳动定额制定》。因行业名称的规范和工艺技术条件的进步、工艺技术水平的提升，将《铁路工业铆工劳动定额制定》修改为《轨道交通装备制造业劳动定额　机车车辆铆接加工》方法标准。

与LD/T 71.8—2000相比，除编辑性修改外，主要技术变化如下：

——修改了范围（见第1章，2000年版的第1章）；

——修改了“引用标准”为“规范性引用文件”（见第2章，2000年版的第2章）；

——增加了代号T_{dn}、K_i、N_P（见第3章）；

——删除了代号ΣF、T、V_1（见2000年版第3章）；

——修改了“铆工时间定额的制定”为“机车车辆铆接加工时间定额”（见第4章，2000年版的第4章）；

——增加了“铆接加工工作内容”及“铆接加工工序单件时间定额的构成”（见4.1、4.2）；

——修改了表中表头“时间定额计算公式”为“时间定额制定方法计算公式”（见4.3.1～4.3.11，2000年版的4.1～4.13）；

——修改了时间定额制定方法计算公式（见4.3.5、4.3.6、4.3.7、4.3.8、4.3.10，2000年版的4.6、4.7、4.8、4.9、4.11）；

——删除了“冲压时间定额的制定”（见2000年版的4.5）；

——增加了“开卷时间定额制定方法”（见4.3.5）；

——删除了“冲压设备换模具时间定额的规定”（见2000年版的4.14）；

——修改了“钢板剪切公差系数”（见表19，2000年版的表23）；

——删除了“冲压公差系数”和“冲压材质系数”（见2000年版的表26、表27）；

——增加了“定员人数”（见4.5）；

——删除了“附录A”（见2000年版的附录A）；

——修改了“附录B”为“附录A”（见附录A，2000年版的附录B）；

——修改了“提示的附录”为“资料性附录”（见附录A，2000年版的附录B）；

——删除了“附录B中B2.1和B2.4”（见2000年版的附录B）。

本标准由中华人民共和国人力资源和社会保障部提出。

本标准由全国劳动定额定员标准化技术委员会（SAC/TC 131）归口。

本标准起草单位：中国中车股份有限公司。

本标准主要起草人：崔岁平、韩博、魏巍、周速忠、李雷、袁宁。

本标准历次版本发布情况为：LD/T 71.8—2000。

轨道交通装备制造业劳动定额　机车车辆铆接加工

1　范围

本标准规定了轨道交通装备制造业机车车辆铆接加工劳动定额的制定方法。

本标准适用于轨道交通装备制造业机车车辆铆接加工劳动定额的制定与管理。

2　规范性引用文件

下列文件对于本文件的应用是必不可少的。凡是注日期的引用文件，仅所注日期的版本适用于本文件。凡是不注日期的引用文件，其最新版本（包括所有的修改单）适用于本文件。

GB/T 14002　劳动定员定额术语

GB/T 14163　工时消耗分类、代号和标准工时构成

LD/T 122　劳动定员定额标准的结构和编写规则

3　代号和计量单位

下列代号和计量单位适用于本文件。

B——宽度，单位为毫米（mm）；

D——直径，单位为毫米（mm）；

F——面积，单位为平方毫米（mm^2）；

G——质量，单位为千克（kg）；

H——厚度、深度、高度，单位为毫米（mm）；

K_i——标准时间使用系数；

L——长度，单位为毫米（mm）；

N——台车零部件数量，单位为件；

N_p——批量数，单位为件；

n_1——样冲个数，单位为个；

n_2——型钢根数，单位为根；

n_3——剪切数量，单位为块；

P——定员人数，单位为人；

T_{dn}——完全单件时间，单位为工分（Mm）；

T_{jks}——铰孔时间，单位为工秒（Ms）；

T_m——换模具时间，单位为工分（Mm）；

V——速度，单位为米每分钟（m/min）。

4　机车车辆铆接加工时间定额

4.1　铆接加工工作内容

铆接加工是指将多个零件通过铆接相连接的工艺过程，包括工件加工前的工艺、技术、设备、工夹量

具和刀具的准备，钢材预处理、铆工划线、钢材剪切，刀具、工装的安装，根据工艺要求进行的工件加工，测量，工件加工完成后的卸下，全部产品加工完成后的工作场地整理、清扫，借用刀具、工具等的归还。

4.2　铆接加工工序单件时间定额的构成

$$T_d=T_z+T_{zk}+T_{gxk}$$

式中：

T_d——工序单件时间；

T_z——作业时间，包含辅助时间；

T_{zk}——作业宽放时间；

T_{gxk}——个人需要与休息宽放时间。

4.3　铆接加工时间定额的制定方法

4.3.1　预处理时间定额制定方法

预处理时间定额制定方法计算公式见表 1。

表 1

工序内容	时间定额制定方法计算公式
型钢预处理线	$T_{dn}=[(n_2L+0.5)/(n_2V)+3.25\times10^{-3}G]P$
板材预处理线	$T_{dn}=[(L+0.5)N/(n_3V)+0.19GF]P$

注 1：型钢预处理线包括型钢抛丸除锈、预涂底漆工序；板材预处理线包括板材抛丸除锈、粗校平、预涂底漆工序。

注 2：型钢、板材预处理工作内容包括从存放场地吊料、人工摆料或龙门电磁吊上料、蒸汽预热、抛丸清理、校平、喷漆、干燥、出料、吊料到存放场地。预处理线喷涂油漆厚度为 10 μm～20 μm。

注 3：型钢、板材预处理线定员的工作内容包括总、分操纵台作业，油漆和稀料的堆码、调漆，钢丸、磨料的添加和清理，场地和设备的清扫、巡视。型钢预处理不包括校平工序。

注 4：预处理时间定额的制定公式，其长度是指型钢或每块大板的长度。

4.3.2　铆工划线时间定额制定方法

铆工划线时间定额制定方法计算公式见表 2。

表 2

工序内容	时间定额制定方法计算公式
钢板划线	$T_{dn}=[2.3\times10^{-3}(L+B)+0.98]K_i+0.052n_1$
圆钢划线	$T_{dn}=(2.9\times10^{-4}+0.42)K_i$
钢管划线	$T_{dn}=(7.8\times10^{-4}L+1.5)K_i+0.06n_1$
角钢划线	$T_{dn}=(7.1\times10^{-4}L+1.6)K_i+0.06n_1$
槽钢划线	$T_{dn}=(8.9\times10^{-4}L+1.75)K_i+0.079n_1$
工字钢划线	$T_{dn}=(1.15\times10^{-3}L+2.8)K_i+0.13n_1$
乙型钢划线	$T_{dn}=(1.4\times10^{-3}L+2.4)K_i+0.12n_1$

注 1：工作内容包括摆料、磨石笔、划 90°去料边线、划去料头线、划尺寸界线、划连接线、划圆周线、划剪切线、工件翻身、尺寸自检、打样冲。

注 2：采用样板划线时，时间定额宽放系数为 0.7；在钢板上划圆线时，长度按圆周计算；划不等边角钢线时，其规格按窄边边长乘以系数 1.2。

注 3：标准时间使用系数 K_i 是由各选用系数的乘积构成，即 $K_i=K_1\times K_2\cdots$。

4.3.3 型钢剪切时间定额制定方法

型钢剪切时间定额制定方法计算公式见表3。

表3

工序内容	时间定额制定方法计算公式
圆钢剪切	$T_{dn}=(3.3\times10^{-4}L+0.15)K_i$
扁钢剪切	$T_{dn}=(3.9\times10^{-4}L+0.13)K_i$
角钢剪切	$T_{dn}=(4.1\times10^{-4}L+0.22)K_i$

注1：工作内容包括上料、送料定位、剪料头、剪料、码料、丢料头。

注2：调挡定位、换刀片时间已计入标准中。型钢划线剪切时，时间定额的宽放系数为1.2。

注3：使用设备型号为Q34—16A联合冲剪机。

4.3.4 钢板剪切时间定额制定方法

钢板剪切时间定额制定方法计算公式见表4。

表4

工序内容	时间定额制定方法计算公式
NG8剪板机剪切	$T_{dn}=[5.74\times10^{-4}(FH)^{0.59}+0.3]K_i$
NG13剪板机剪切	$T_{dn}=[1.952\times10^{-3}(FH)^{0.52}+0.4]K_i$
SCTP25/3150剪板机剪切	$T_{dn}=[2.82\times10^{-4}(FH)^{0.68}+0.5]K_i$

注：工作内容包括NG8剪板机手工上料、挡板定位、剪切、落料、码料、放料头；NG13剪板机和SCTP25/3150剪板机龙门起重机电磁吸盘上料、挡板定位、剪切、落料、码料、放料头。调挡定位、换刀片时间已计入标准中。采用划线剪切时，时间定额宽放系数为1.8；剪切机剪切采用手工上料时，时间定额使用系数为1.15。

4.3.5 开卷时间定额制定方法

开卷时间定额制定方法计算公式见表5。

表5

工序内容	时间定额制定方法计算公式
开卷机开卷	$T_{dn}=3.1\times10^{-6}(FH)^{0.8}K_i$
VBR16/2500平板机调平钢板	$T_{dn}=1.7\times10^{-5}(FH)^{0.7}K_i+3.6\times10^{-4}L+0.163$

注1：开卷机开卷工作内容包括上料、割包装带、挂钩、进料、打角尺、定位、剪切、落料。

注2：平板机工作内容包括上料、摆正入辊、入辊后前移、调平、卸工件、堆码。

注3：本标准适用于工作日批次在7次及以上。

321

4.3.6 压型时间定额制定方法

压型时间定额制定方法计算公式见表6。

表6

压型设备	时间定额制定方法计算公式
650/2000 吨水压机	$T_{dn}=[5.4\times10^{-3}(FH)^{0.4}+6.0\times10^{-4}hP]K_i+T_m/N_P$
3800/4000 吨水压机	$T_{dn}=[3.7\times10^{-3}(FH)^{0.5}+7.0\times10^{-4}hP]K_i+T_m/N_P$
注：工作内容包括电磁铁吸料、电动链条送料、定位、压型、保压、撬料、电磁小车吸料并退出、卸料、边角料翻倒。	

4.3.7 型钢拼接时间定额制定方法

型钢拼接时间定额制定方法计算公式见表7。

表7

截面面积之和 mm²	时间定额制定方法计算公式
$\Sigma F\leqslant1536$	$T_{dn}=[2.7067G^{0.5}+0.0199(\Sigma F)+0.005]K_i$
$1536<\Sigma F<3600$	$T_{dn}=[2.7067G^{0.5}+0.0501(\Sigma F)-46.43]K_i$
$\Sigma F\geqslant3600$	$T_{dn}=[2.7067G^{0.5}+0.0048(\Sigma F)+117.2]K_i$
注1：工作内容包括铺料、选料、划线、气割、开坡口、翻梁、铲毛刺除渣、点焊、加引弧板、施焊、清理熔渣飞溅物、气刨清根、割引弧板、打磨边缘、清除缺陷、清料头、交验。 注2：型钢拼接时间定额为铆工、电气焊工的总定额时间，原则上分摊为铆工占定额时间的30% ～ 35%，电焊工占定额时间的40% ～ 50%，气焊工占定额时间的30% ～ 15%。时间定额计算方法计算公式为拼接一个接头的时间，每多拼一个接头另乘以系数1.74。	

4.3.8 矫直调挠度时间定额制定方法

矫直调挠度时间定额制定方法计算公式见表8。

表8

使用设备	时间定额制定方法计算公式
PB—200T 型钢矫直机	$T_{dn}=(0.662G^{0.5}+0.4)K_i$
JN315T 型钢矫直机	$T_{dn}=(7.34\times10^{-3}G^{1.05}+4.6)K_i$
注：工作内容包括型钢吊上摆料架、型钢入辊道、调直、翻梁、调挠度、自检、落料吊运到存放台位。	

4.3.9 铆接时间定额制定方法

铆接时间定额制定方法计算公式见表9。

表 9

铆接工具	时间定额制定方法计算公式
液压铆钉	$T_{dn}=(1.9\times10^{-2}DL+0.412L+5.77D+0.72+T_{jks})K_i/60$
风动手工铆钉	$T_{dn}=(3.1\times10^{-2}DL+0.512L+4.79D+4.54+T_{jks})K_i/60$

注 1：铆接工作内容包括生炉、取埋钉、烧钉、取甩钉、铆钉机小车运行、升降油缸下降到位、接穿钉、铆钉、顶钉、保压、升降油缸上升回位、冷却。

注 2：铆接时间定额包括吊运、焦炭破碎时间。铰孔时，T_{jks}=80 Ms；不铰孔时，T_{jks}=0 Ms。

4.3.10　**铆工组装时间定额制定方法**

铆工组装时间定额制定方法计算公式见表 10。

表 10

铆工组装内容		时间定额制定方法计算公式
铆工组装	小件	$T_{dn}=(1.6955N^{0.7}+0.3286G+1.71)K_i$
	中件	$T_{dn}=(4.067N^{0.6}+6.7\times10^{-2}G+3.65)K_i$
	大件	$T_{dn}=(4.9555N^{0.6}+6.71\times10^{-2}G+3.65)K_i$
管件、推（拉）杆组装	总管件组装质量小于 36 kg	$T_{dn}=(3.7163G^{0.4}+0.5)K_i$
	推（拉）杆组装	$T_{dn}=(0.7902G^{0.7}+0.17N+1.3)K_i$
缸体滚筒	滚筒 F319 四辊辊筒机	$T_{dn}=[2.96\times10^{-3}(FH)^{0.5}+8.0\times10^{-4}L+2]K_i$
缸体试压	风压、水压试验缸体试压机	$T_{dn}=(0.8827V^{0.6}+3)K_i$

注 1：铆工组装各种件划分原则，总质量小于 36 kg 时为小件铆工组装；总质量在 36 kg ～ 400 kg 之间时为中件铆工组装；总质量大于等于 400 kg 时为大件铆工组装。

注 2：铆工组装工作内容分为中、小件铆工组装，大件铆工组装以及管件、推（拉）杆组装。中、小件铆工组装包括搬（吊）料、定位或样板样杆定位、丝杆或风缸夹紧、检查找正、定位焊、松夹具、调修、送焊接台位。大件铆工组装包括结合面刷漆、吊料、支撑平稳、样板样杆定位、夹紧、检查、找正、割余量、定位焊、松夹具、交验。管件、推（拉）杆组装工作内容包括管件组装的装配、点焊、送焊接台位、风压试验、保压检查、卸料堆码，推（拉）杆组装的上料、定位夹紧、检查找正、定位焊、松夹具、送焊接台位。

注 3：推（拉）杆组焊后的拉力试验按产品的 20% 随机抽验，时间定额制定方法计算公式中已含拉力试验时间。

注 4：缸体滚筒工作内容包括手工上料、压头、滚筒、松活动座、卸筒、堆码。

注 5：缸体试压工作内容包括手工装卸、水压试验、风压试验、检查找漏、补焊修理、卸下堆码。

注 6：缸体小于 20 kg，滚筒时乘以系数 1.15。

4.3.11　**打磨、铲渣时间定额制定方法**

打磨、铲渣时间定额制定方法计算公式见表 11。

表 11

工序内容	时间定额制定方法计算公式
铆焊结构件打磨	$T_{dn}=(2.5\times10^{-2}L+1.8)K_i$
钢板气割打磨	$T_{dn}=(7.1\times10^{-3}L+1.5)K_i$
手工铲氧化渣	$T_{dn}=(1.9\times10^{-3}L+1.3)K_i$
注 1:打磨工作内容包括摆放工件、打磨、修理、工件堆码、场地清扫。 注 2:铲氧化渣工作内容包括摆料、铲氧化渣、工件堆码整齐、场地清扫。 注 3:铆焊结构件打磨时间定额制定方法计算公式适合结构件正常焊缝表面的磨平,焊缝成型异常不适合此时间定额制定方法计算公式。 注 4:圆形工件打磨、铲渣时,长度按圆周长计算。 注 5:钢板气割打磨、铲氧化渣时间定额制定方法计算公式适用于手工、半自动和自动氧化切割机下料后切割面的打磨、专门铲氧化渣工序。	

4.4 标准时间使用系数

4.4.1 铆工划线系数

4.4.1.1 划线批量系数(K_1)

划线批量系数(K_1)的选用应符合表 12 的规定。

表 12

批量	1 件～5 件	6 件～10 件	11 件～30 件	31 件以上
K_1	1.30	1.00	0.95	0.90

4.4.1.2 接头形状划线系数(K_2)

接头形状划线系数(K_2)的选用应符合表 13 的规定。

表 13

接头形状	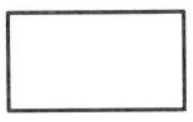			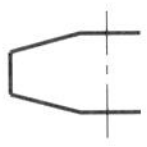		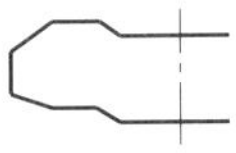
K_2	1.00	1.15	1.30	1.50	1.80	2.50

4.4.1.3 接头形式系数(K_3)

接头形式系数(K_3)的选用应符合表 14 的规定。

表 14

接头形式			平头	斜头	插头	双斜头	双插头
K_3	型钢类别	钢管	1.00	1.30	1.50	1.60	2.00
		角钢		1.20	1.35	1.40	1.70
		槽钢		1.35	1.55	1.60	2.10
		工字钢					
		乙型钢		1.40	1.65	—	

4.4.1.4 钢材规格系数（K_4）

钢材规格系数（K_4）的选用应符合表15的规定。

表15

圆钢 mm	K_4	钢管 mm	K_4	角钢 mm	K_4	槽钢 mm	K_4	工字钢 mm	K_4
8以下	0.80	22以下	0.90	40以下	0.80	80以下	0.86	100～120	0.95
8～10	0.88	24～38	1.00	45～56	0.90	80～100	0.92	140～200	1.00
12～14	1.00	40～80	1.15	60～65	0.95	120	1.00	220～280	1.15
15～16	1.15	83～102	1.30	70～80	1.00	140	1.05	300～360	1.30
18～20	1.26	108～194	1.50	90～100	1.10	160	1.15	400～450	1.50
22～25	1.32	200～300	1.75	110～125	1.20	180	1.21	500以上	1.70
26～30	1.50	300以上	2.20	140～160	1.30	200	1.26		
31～40	2.00			180～200	1.45	220	1.30		
						240～300	1.40		
						300以上	1.55		

4.4.2 型钢剪切系数

4.4.2.1 型钢剪切批量系数（K_5）

型钢剪切批量系数（K_5）的选用应符合表16的规定。

表16

圆钢	批量	1件～5件	6件～10件	11件～20件	21件～30件	30件以上
	K_5	2.00	1.75	1.50	1.20	1.00
扁钢	批量	1件～5件	6件～10件	11件～20件	21件～30件	30件以上
	K_5	2.20	1.80	1.55	1.27	1.00
角钢	批量	1件～10件	11件～20件	21件～40件	41件～99件	99件以上
	K_5	2.47	1.83	1.41	1.18	1.00

4.4.2.2 型钢剪切规格系数（K_6）

型钢剪切规格系数（K_6）的选用应符合表17的规定。

表17

圆钢	规格 mm	8以下	8～10	12	14	15～16	18	20～22	24～25
	K_6	0.80	0.88	1.00	1.08	1.15	1.26	1.32	1.50

表 17（续）

扁钢	规格 mm	40 以下	45 ～ 60	63 ～ 70		75 ～ 85		90 ～ 100	
	K_6	0.90	1.00	1.15		1.30		1.50	
角钢	规格 mm	36	40 ～ 45	50 ～ 56	60 ～ 65	70 ～ 75	80	90	100
	K_6	0.72	0.88	1.00	1.23	1.36	1.52	1.74	2.00

4.4.3　钢板剪切系数

4.4.3.1　钢板剪切批量系数（K_7）

钢板剪切批量系数（K_7）的选用应符合表 18 的规定。

表 18

K_7	设备型号	剪切批量				
		1 件～ 20 件	21 件～ 100 件	101 件～ 200 件	201 件～ 300 件	300 件以上
	NG8	2.20	1.30	1.20	1.10	1.00
	NG13	2.10	1.20	1.10	1.07	—
	SCTP25/3150	2.00			1.06	

4.4.3.2　钢板剪切公差系数（K_8）

钢板剪切公差系数（K_8）的选用应符合表 19 的规定。

表 19

公差	±1.5 mm	±1.0 mm	±0.5 mm	±0.3 mm
K_8	1.00	1.10	1.20	1.25

4.4.3.3　钢板剪切材质系数（K_9）

钢板剪切材质系数（K_9）的选用应符合表 20 的规定。

表 20

材质	钢	铜	铝	非金属
K_9	1.00	1.10	0.85	0.80

4.4.3.4　钢板剪切刀次系数（K_{10}）

钢板剪切刀次系数（K_{10}）的选用应符合表 21 的规定。

表 21

K_{10}	设备型号	剪切刀次						
		少一刀	四边形	多一刀	多二刀	多三刀	多四刀	多五刀
	NG8	0.80	1.00	1.50	1.70	1.90	2.10	2.30
	NG13							
	SCTP25/3150							

4.4.4 钢材开卷系数

4.4.4.1 钢材开卷板材宽度系数(K_{11})

钢材开卷板材宽度系数(K_{11})的选用应符合表 22 的规定。

表 22

板宽	1750 mm 及以下	1750 mm 以上
K_{11}	1.00	1.20

4.4.4.2 钢材开卷板料型式系数(K_{12})

钢材开卷板料型式系数(K_{12})的选用应符合表 23 的规定。

表 23

板料型式	平板	卷板
K_{12}	1.00	0.62

4.4.4.3 钢材开卷线批量系数(K_{13})

钢材开卷线批量系数(K_{13})的选用应符合表 24 的规定。

表 24

开卷线批量	1 件～20 件	21 件～100 件	101 件～300 件	301 件～450 件	451 件～600 件	600 件以上
K_{13}	1.60	1.12	1.07	1.04	1.02	1.00

4.4.5 水压机系数

4.4.5.1 水压机压型次数系数(K_{14})

水压机压型次数系数(K_{14})的选用应符合表 25 的规定。

表 25

压型次数	一次	二次	三次	四次
K_{14}	1.00	1.30	1.40	1.50

4.4.5.2 水压机手工上料系数(K_{15})

水压机手工上料系数(K_{15})的选用应符合表 26 的规定。

表 26

手工上料	$G \leqslant 50$ kg	50 kg $< G \leqslant$ 100 kg	100 kg $< G \leqslant$ 150 kg	$G >$ 150 kg
K_{15}	1.40	1.60	2.00	2.50

4.4.5.3 型钢拼接批量系数(K_{16})

型钢拼接批量系数(K_{16})的选用应符合表 27 的规定。

327

表 27

批量数	$N_p \leq 10$ 套	10 套 $< N_p \leq 50$ 套	$N_p > 50$ 套
K_{16}	1.17	1.08	1.00

4.4.6 矫直机系数

4.4.6.1 矫直机矫正型钢种类系数（K_{17}）

矫直机矫正型钢种类系数（K_{17}）的选用应符合表 28 的规定。

表 28

型钢类型	槽钢	乙型钢	方钢	工字钢
K_{17}	0.95	1.00	1.05	1.10

4.4.6.2 矫直机矫正型钢接头个数系数（K_{18}）

矫直机矫正型钢接头个数系数（K_{18}）的选用应符合表 29 的规定。

表 29

接头个数	整料无接头	一个接头	二个接头
K_{18}	0.90	1.00	1.10

4.4.6.3 矫直机矫正批量系数（K_{19}）

矫直机矫正批量系数（K_{19}）的选用应符合表 30 的规定。

表 30

数量	$N \leq 10$ 件	10 件 $< N \leq 60$ 件	$N > 60$ 件
K_{19}	1.10	1.00	0.90

4.4.7 铆接系数

4.4.7.1 液压铆接批量系数（K_{20}）

液压铆接批量系数（K_{20}）的选用应符合表 31 的规定。

表 31

液压铆接数量	$N \leq 60$ 件	60 件 $< N \leq 80$ 件	80 件 $< N \leq 100$ 件	100 件 $< N \leq 120$ 件	$N > 120$ 件
K_{20}	1.15	1.10	1.05	1.00	0.90

4.4.7.2 风动手工铆接批量系数（K_{21}）

风动手工铆接批量系数（K_{21}）的选用应符合表 32 的规定。

表 32

风动手工铆接数量	$N \leq 15$ 件	15 件$< N \leq 30$ 件	30 件$< N \leq 45$ 件	45 件$< N \leq 60$ 件	60 件$< N \leq 75$ 件
K_{21}	1.50	1.25	1.20	1.15	1.10
风动手工铆接数量	75 件$< N \leq 90$ 件	90 件$< N \leq 105$ 件	105 件$< N \leq 120$ 件	$N > 120$ 件	
K_{21}	1.00	0.95	0.90	0.80	

4.4.7.3　**铆接铰孔系数（K_{22}）**

铆接铰孔系数（K_{22}）的选用应符合表 33 的规定。

表 33

铰孔	铰孔直径	10 mm ～ 12 mm	14 mm ～ 16 mm	18 mm ～ 20 mm	22 mm ～ 30 mm
	铰孔长度	26 mm ～ 85 mm	45 mm ～ 110 mm	50 mm ～ 150 mm	55 mm ～ 180 mm
K_{22}		0.80	0.90	1.00	1.15

4.4.7.4　**烧钉炉使用系数（K_{23}）**

烧钉炉使用系数（K_{23}）的选用应符合表 34 的规定。

表 34

烧钉炉	石油液化气、煤气、天然气、乙炔炉	焦炭炉	电炉
K_{23}	0.90	1.00	1.20

4.4.7.5　**手工风动铆接作业姿势系数（K_{24}）**

手工风动铆接作业姿势系数（K_{24}）的选用应符合表 35 的规定。

表 35

作业姿势	立铆作业	登高作业	仰卧作业
K_{24}	1.00	1.20	1.25

4.4.7.6　**铆接方法系数（K_{25}）**

铆接方法系数（K_{25}）的选用应符合表 36 的规定。

表 36

铆接方法	正铆接法	反铆接法
K_{25}	1.00	1.10

4.4.7.7　**铆接换钉方式系数（K_{26}）**

铆接换钉方式系数（K_{26}）的选用应符合表 37 的规定。

表 37

换钉方式	换钉时割、冲铆钉
K_{26}	2.00

4.4.8 铆工组装系数

4.4.8.1 铆工组装批量系数 (K_{27})

铆工组装批量系数 (K_{27}) 的选用应符合表 38 的规定。

表 38

数量	$N \leqslant 10$ 件	10 件 $< N \leqslant 50$ 件	50 件 $< N \leqslant 100$ 件	$N > 100$ 件
K_{27}	2.00	1.60	1.30	1.00

4.4.8.2 组装部位厚度系数 (K_{28})

组装部位厚度系数 (K_{28}) 的选用应符合表 39 的规定。

表 39

厚度	$H \leqslant 5$ mm	5 mm $< H < 11$ mm	$H \geqslant 11$ mm
K_{28}	1.20	1.00	0.81

4.4.8.3 胎模工装使用系数 (K_{29})

胎模工装使用系数 (K_{29}) 的选用应符合表 40 的规定。

表 40

组装工件类别	小件组装			中、大件组装		
工装类别	风动	液压	丝杆	风动	液压	丝杆
K_{29}	0.80	0.75	1.00	1.00	0.90	1.90

4.4.8.4 组装公差系数 (K_{30})

组装公差系数 (K_{30}) 的选用应符合表 41 的规定。

表 41

组装类别	中、小件组装		大件组装		
公差	0 ~ ±1 mm	±2 mm ~ ±3 mm	0 mm ~ ±3 mm	±4 mm ~ ±6 mm	±7 mm ~ ±10 mm
K_{30}	1.10	1.00	2.00	1.30	1.00

4.4.9 管件、推(拉)杆组装系数

4.4.9.1 管件形状系数 (K_{31})

管件形状系数 (K_{31}) 的选用应符合表 42 的规定。

表 42

管件形状	直管	弯管
K_{31}	1.00	1.10

4.4.9.2 推（拉）杆公差系数（K_{32}）

推（拉）杆公差系数（K_{32}）的选用应符合表 43 的规定。

表 43

推（拉）杆公差	0 mm ～ ±3 mm	±3 mm 以上
K_{32}	1.10	1.00

4.4.9.3 推（拉）杆、管件组装批量系数（K_{33}）

推（拉）杆、管件组装批量系数（K_{33}）的选用应符合表 44 的规定。

表 44

组装类别	推（拉）杆组装			管件组装		
数量	$N \leq 20$ 件	20 件 $< N \leq 50$ 件	$N > 50$ 件	$N \leq 10$ 件	10 件 $< N \leq 100$ 件	$N > 100$ 件
K_{33}	1.20	1.10	1.00	1.15	1.05	1.00

4.4.9.4 推（拉）杆、管件组装使用胎模具系数（K_{34}）

推（拉）杆、管件组装使用胎模具系数（K_{34}）的选用应符合表 45 的规定。

表 45

组装类别	推（拉）杆组装			管件组装	
胎模类型	丝杆组装胎	风动液压组装胎	手工划线	简易胎组配试压	无胎模组配试压
K_{34}	1.00	0.85	1.80	1.00	1.05

4.4.10 缸体滚桶、试压系数

4.4.10.1 缸体滚桶、试压批量系数（K_{35}）

缸体滚桶、试压批量系数（K_{35}）的选用应符合表 46 的规定。

表 46

数量	$N \leq 10$ 件	10 件 $< N \leq 80$ 件	$N > 80$ 件
K_{35}	1.20	1.10	1.00

4.4.10.2 缸体试压系数（K_{36}）

缸体试压系数（K_{36}）的选用应符合表 47 的规定。

表 47

试压设备	两个缸体试验台	一个缸体试验台	无试验台装置
K_{36}	1.00	1.20	1.50

4.4.10.3 缸体滚桶板厚系数（K_{37}）

缸体滚桶板厚系数（K_{37}）的选用应符合表 48 的规定。

表 48

滚筒板厚	30 mm	40 mm	50 mm	60 mm
K_{37}	0.90	1.00	1.08	1.15

4.4.11 打磨、铲渣系数

4.4.11.1 砂轮机类型系数（K_{38}）

砂轮机类型系数（K_{38}）的选用应符合表 49 的规定。

表 49

砂轮机类别	S60 风动砂轮机、角砂轮机		S100 ～ S150 风动砂轮机、电动砂轮机	
打磨工件类别	结构件	钢板气割	结构件	钢板气割
K_{38}	1.00	1.25	0.80	1.00

4.4.11.2 铆焊结构件焊缝不平系数（K_{39}）

铆焊结构件焊缝不平系数（K_{39}）的选用应符合表 50 的规定。

表 50

焊缝高于正常值	0.3 mm ≤ H ≤ 1.2 mm	1.2 mm < H ≤ 2 mm
K_{39}	1.00	1.40

4.4.11.3 铆焊结构件焊缝打磨姿势系数（K_{40}）。

铆焊结构件焊缝打磨姿势系数（K_{40}）的选用应符合表 51 的规定。

表 51

打磨姿势	立蹲作业	仰卧作业	登高 2 m 以上
K_{40}	1.00	1.30	1.10

4.4.11.4 铲渣设备使用系数（K_{41}）

铲渣设备使用系数（K_{41}）的选用应符合表 52 的规定。

表 52

设备	自动气割	半自动气割	手工气割
K_{41}	0.90	1.00	1.20

4.4.11.5　**铲渣钢板厚度系数（K_{42}）**

铲渣钢板厚度系数（K_{42}）的选用应符合表 53 的规定。

表 53

钢板厚度	4 mm ≤ H ≤ 12 mm	12 mm < H ≤ 18 mm	18 mm < H ≤ 30 mm	H > 30 mm
K_{42}	0.80	1.00	1.30	1.50

4.5　**定员人数**

定员人数的选用应符合表 54 的规定。

表 54

设备型号及名称	定员人数
铆工划线	2
Q34—16A 联合冲剪机	3
NG8 剪板机	2
NG13 剪板机	4
SCTP25/3150 剪板机	4
开卷机	4
平板机	3
液压铆钉机	3
风动手工铆钉	5
型钢预处理线	12
板材预处理线	5～10

附 录 A
（资料性附录）
时间定额制定的方法

A.1 时间定额制定方法

时间定额制定方法见图 A.1。

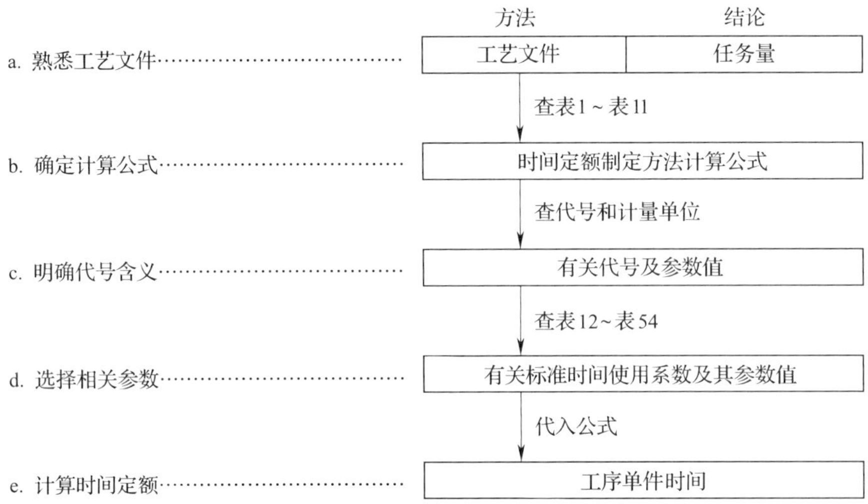

图 A.1

A.2 应用举例

A.2.1 用液压铆钉机铆 C62A（N）敞车的中梁心盘钉 8 个，不铰孔，焦炭炉，求每辆车时间定额。

已知：D=22 mm，L=88 mm，T_{jks}=0，K_{23}=1.15，K_{25}=1。

解：$T_{dn}=(1.9\times10^{-2}DL+0.412L+5.77D+0.72+T_{jks})K_i/60$

$=(1.9\times10^{-2}\times22\times88+0.412\times88+5.77\times22+0.72+0)\times1.15\times1/60$

$=3.85$ Mm

台车定额 $=8\times T_{dn}=8\times3.85=30.8$ Mm

A.2.2 一批铆焊件组装，零配件数为 8 件，总质量为 86 kg，来料为 8 mm ～ 10 mm 的钢板，公差要求 ±3 mm，批量 5 件，简易胎模组装。求铆工组装完全单件时间定额。

已知：K_{29}=2.0，K_{30}=1.0，K_{31}=1.9，K_{32}=1.0，G=86 kg，N=8 件。

$T_{dn}=(4.9555N^{0.6}+6.71\times10^{-2}G+3.65)K_i$

$=(4.9555\times8^{0.6}+6.71\times10^{-2}\times86+3.65)\times2.0\times1.0\times1.9\times1.0=103.62$ Mm